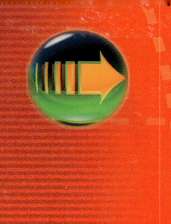

W0003774

Unser Körper

Copyright © 1999 Weldon Owen Pty Limited
http://www.readersdigestkids.com

Copyright © 2000 (deutsche Ausgabe) Tessloff Verlag, Nürnberg
http://www.tessloff.com

ISBN 3-7886-0871-4

Autor: Laurie Beckelman
Berater: Jonathan Stein, M.D.
Projektleiter: Klay Lamprell
Designers: Cliff Burk, Robyn Latimer, Sue Rawkins
DTP: Rebecca Kocass/Hocass Pocass Design
Bildrecherche: Annette Crueger

Aus dem Englischen übertragen von Christel Wiemken
Redaktionelle Bearbeitung der deutschsprachigen Ausgabe: Sabine Tessloff

Illustratoren: Susanna Addario, Marcus Cremonese, Sam & Amy Collins,
Christer Eriksson, Peg Gerrity, Gino Hasler, Jeff Lang, Siri Mills, Spencer Phippen,
Kate Sweeney/K.E. Sweeney Illustration, Rod Westblade

Alle Rechte vorbehalten. Die ungenehmigte Reproduktion jeder Art ist verboten.

Unser Körper

# Inhalt

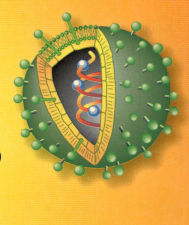

Kontrollzentren 6
Wir Wunderwerke 8
Der Zellenstaat 10
Der Beginn des Lebens 12
Das Nervensystem 14
Das empfindsame Gehirn 16
Das denkende Gehirn 18
Mit eigenen Augen 20
Wie wir hören 22
Der Nase nach 24
Mund auf! 26
Chemische Botenstoffe 28
Der Lebenszyklus 30

Das Gerüst 32
Hautnah 34
Haare und Nägel 36
Mächtige Muskeln 38
Knochenarbeit 40
Das Skelett 42
Zähne zeigen 44

Angebot und Nachfrage 46
Der Verdauungskanal 48
Wasserstraßen 50
Luft holen 52
Herzenssache 54
Es liegt im Blut 56
Schutzmechanismen 58
Unsere Zukunft 60

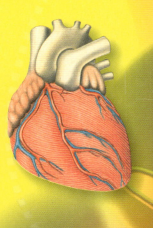

Glossar 62
Register 64

Wegweiser zum Wissen

MACH DICH BEREIT für eine einzigartige Reise durch den menschlichen Körper. Du kannst dieses Buch von der ersten bis zur letzten Seite lesen und herausfinden, was wir schon heute über uns wissen – und was wir in Zukunft vielleicht erfahren werden. Du kannst aber auch anders vorgehen. Willst du wissen, wie das Gehirn funktioniert? Dann beginne mit „Das empfindsame Gehirn" und such dir von dort aus deinen Weg durch das Buch.

Zahlreiche neue Wege eröffnen sich dir durch die speziellen Rubriken. Informiere dich in „Insidestory" über große Persönlichkeiten der Humanbiologie oder führe die in „Sei aktiv!" beschriebenen Experimente durch. Gehe im „Wörterbuch" Begriffen nach oder beeindrucke deine Freunde mit den faszinierenden Fakten aus „Schon gewusst?". Immer, wenn du dieses Buch aufschlägst, kannst du dich für einen neuen Weg entscheiden und sicher sein, dass es dich dorthin bringt, wohin *du* gehen willst.

INSIDESTORY
Helden der Wissenschaft

Stell dir einen Arzt vor, der einen Menschen durch den offenen Magen ernährt, um mehr über die Verdauung herauszufinden. Teile die Aufregung eines Wissenschaftlers bei der Entdeckung der Röntgenstrahlen. Begreife, weshalb ein Kind mit Diabetes täglich eine Spritze braucht. Erkunde das Leben im Mutterleib. INSIDESTORY informiert über bedeutende Männer und Frauen, gibt Einblicke in neue Techniken und Behandlungsmethoden und lässt dich teilhaben an den großen Entdeckungen.

SEI AKTIV!
Mach es selbst!

Täusche das Gehirn, damit du ein Loch in deiner Hand siehst. Finde mit Hilfe von Wassereimern heraus, wieviel Blut das Herz täglich durch den Körper pumpt. Baue aus Strohhalmen und Papier einen „Knochen" und teste seine Stärke. Finde heraus, wie lange es dauert, bis ein Gähnen ansteckend wirkt. SEI AKTIV! liefert Vorschläge für Experimente, die das Funktionieren des Körpers veranschaulichen.

Wörterbuch
Ein seltsames Wort! Was bedeutet es? Woher stammt es? Du erfährst es im *Wörterbuch.*

Schon gewusst?
Beeindruckende Fakten, verblüffende Rekorde, faszinierende Zahlen – du findest sie in *Schon gewusst?*

Wegweiser
Im Kästchen *Wegweiser* wirst du zu anderen Themen geführt, die mit dem, was du gerade liest, in Zusammenhang stehen.

Auf die Plätze!
Fertig! Los!

Kontroll-
zentren

DEIN KÖRPER ist dir so vertraut, dass du vermutlich kaum über ihn nachdenkst. Aber unter deinen Sommersprossen, Grübchen oder knochigen Knien liegt eine Welt, die so riesig ist wie das Universum. Billionen von Zellen arbeiten so zusammen, dass du dich bewegen, essen, denken, reden und wachsen kannst. Wie kann der menschliche Körper diese erstaunliche Teamarbeit leisten? In diesem Buch erfährst du es.

Seite **8** Lies nach bei **WIR WUNDER-WERKE**.

Seite **10** Zellen leisten Teamarbeit. Aus ihnen bestehen sämtliche Teile des menschlichen Körpers.

Lies nach bei **DER ZELLENSTAAT**.

Seite **12** Was hast du in den ersten neun Monaten deines Lebens getan?

Lies nach bei **DER BEGINN DES LEBENS**.

Seite **14** Woher weiß deine rechte Hand, was die linke tut?

Lies nach bei **DAS NERVENSYSTEM**.

Seite **16** Wie erkennt das Gehirn den Unterschied zwischen einer Katze und einem Stinktier?

Lies nach bei **DAS EMPFINDSAME GEHIRN**.

Seite **18** Dein Gehirn weiß mehr, als du ahnst.

Lies nach bei
DAS DENKENDE GEHIRN.

Seite **20** Wie machst du dir ein Bild von der Welt?

Lies nach bei
MIT EIGENEN AUGEN.

Seite **22** Wir hören mit dem Gehirn. Hast du Töne?

Lies nach bei
WIE WIR HÖREN.

Seite **24** Ohne Schleim könntest du nicht riechen.

Lies nach bei
DER NASE NACH.

Seite **26** Was verhindert, dass Nahrung beim Schlucken in die Lunge gelangt?

Lies nach bei
MUND AUF!

Seite **28** Was haben ein knurrender Magen, eine blutende Wunde und schweißnasse Hände gemeinsam?

Lies nach bei
CHEMISCHE BOTENSTOFFE.

Seite **30** Wie verändert sich dein Körper, wenn du heranwächst?

Lies nach bei
DER LEBENSZYKLUS.

DAMALS...
Vor 500 Jahren gehörte der italienische Künstler und Wissenschaftler Leonardo da Vinci zu den ersten Menschen, die Leichen sezierten, um herauszufinden, wie der Körper beschaffen ist.

...UND HEUTE
Bildgebende Verfahren machen lebende Organe sichtbar. Dieser Scanner hilft Ärzten, durch Krankheiten geschädigte Bereiche des Gehirns zu lokalisieren.

Wir Wunderwerke

HAST DU DICH SCHON einmal gefragt, wie du wächst? Wie du krank wirst? Weshalb Menschen sterben? Wenn ja, dann geht es dir so wie vielen Leuten vor dir, denn Fragen dieser Art haben sich die Menschen zu allen Zeiten gestellt. Und sie haben versucht, Antworten auf sie zu finden.

Lange Zeit hatten die Menschen nur einen Apparat, mit dem sie den Körper erkunden konnten, und dieser Apparat war der Körper selbst. Ihre Instrumente waren ihre eigenen Sinne. Sie hörten den Herzschlag und fühlten die Hitze des Fiebers. Sie rochen den Gestank verrottenden Fleisches oder sahen das Heilen einer Wunde. Sie untersuchten gesunde und kranke Körper, und im 16. Jahrhundert fingen sie damit an, auch tote zu untersuchen. Sie lösten Haut und Fett ab, um an die Muskeln zu gelangen. Sie trennten Muskeln von Knochen. Sie entfernten Knochen, um das Herz, die Lungen, die Leber und den Darm zu studieren. Das Wissen wuchs.

Mit der Verbesserung der Apparate wuchs das Wissen weiter. Mikroskope machten Zellen sichtbar. Geräte ließen die Ärzte ins Innere des Körpers schauen und zeichneten den Herzschlag auf. Wenn du ein Wissenschaftler werden willst, kannst du über noch bessere Apparate verfügen. Dennoch wirst du nie alle Antworten kennen, denn je mehr wir über den menschlichen Körper herausfinden, desto mehr Fragen tauchen auf.

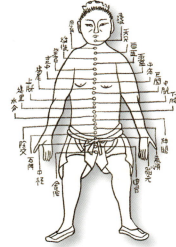

GEHEIMNISVOLLE KRÄFTE
Chinesische Heiler glauben, dass die Lebensenergie durch unsichtbare Kanäle im Körper fließt. Sie stimulieren Punkte in den Kanälen, um Krankheiten zu heilen und Schmerzen zu lindern. Diese Vorgehensweise wird Akupunktur genannt. Niemand weiß, wie sie funktioniert, aber oft tut sie es.

 **SEI AKTIV!**

Neue Sicht

Wie gut kennst du deinen Körper? Finde es heraus. Nimm ein Foto von dir und stelle einen Spiegel im rechten Winkel darauf. Kippe den Spiegel, bis du ein vollständiges Gesicht siehst. Nun schau dir die andere Seite an. Überrascht? Die beiden Hälften deines Gesichts sind verschieden. Je genauer du dir deinen Körper anschaust, desto mehr erfährst du über ihn. Für die Wissenschaftler gilt dasselbe. Je eingehender sie sich mit dem menschlichen Körper beschäftigten, desto mehr entdecken sie.

WISSENSZUWACHS
Unsere Vorfahren wussten nur wenig über das Funktionieren des Körpers. Für Krankheiten machten sie Dämonen verantwortlich. Heute wissen wir, dass Krankheiten von Erregern ausgelöst werden können, und auch, dass unsere Gene und Lebensgewohnheiten Gesundheit und Wachstum beeinflussen.

VERBLÜFFENDE ENTDECKUNGEN
1674 entdeckte Anton van Leeuwenhoek beim Zähneputzen die Bakterien. Er legte das abgeputzte Material unter eines seiner selbstgebauten Mikroskope und sah eine Welt, in der es von Leben wimmelte. Zweihundert Jahre später erkannten die Wissenschaftler, dass Bakterien Krankheiten auslösen können.

Wörterbuch

• **Anatomie** ist die Lehre vom Körperbau. Es ist von dem griechischen Wort *anatome* (zerschneiden) abgeleitet.
• **Physiologie** ist die Lehre vom Zusammenarbeiten der Körperteile. Darin steckt des griechische Wort *physis* (Natur).

Schon gewusst?

• Berühre mit dem Daumen den Mittelfinger. Das kann kein anderes Lebewesen, und es gehört zu den Dingen, die den Menschen auszeichnen.
• Das älteste bekannte Skelett eines Menschen *ist* Lucy. Es wurde 1974 gefunden und ist 3,2 Millionen Jahre alt.

Wegweiser

• Im Mittelalter glaubten die Menschen, für Krankheiten wären schlechte Gerüche verantwortlich. Was wissen wir heute über Gerüche? Wenn du es erfahren willst, lies Seite 24-25.
• Betrachte die Bausteine des Körpers unter dem Mikroskop. Auf Seite 10-11 erfährst du alles über Zellen.
• Wie hat sich die Entdeckung der Röntgenstrahlen auf unser Wissen über den Körper ausgewirkt? Finde es auf Seite 40-41 heraus.

MITTEL GEGEN SCHMERZ
Früher konnten die Chirurgen kaum etwas gegen die Schmerzen unternehmen. Erst um 1840 entdeckten Ärzte Gase, mit deren Hilfe die Patienten eine Operation verschlafen konnten. Heute wissen wir, dass solche Mittel Schmerzbotschaften ans Gehirn blockieren. Die modernen Narkosemittel ermöglichen auch langwierige Operationen wie etwa eine Herztransplantation.

9

Eine Zelle teilt sich

Der Zellenstaat

DEIN KÖRPER BESTEHT aus rund 75 Billionen Fabriken. Diese Fabriken sind die Zellen, winzige Bausteine, aus denen Knochen, Haut, Haare und alle anderen Körperteile zusammengesetzt sind. Wenn man die Zellen unter dem Mikroskop betrachtet, sieht man, dass sie ununterbrochen arbeiten. Sie nehmem Nährstoffe aus der sie umgebenden Flüssigkeit auf und verwandeln die Nährstoffe in Energie. Sie reagieren auf Botschaften von anderen Zellen. Sie setzen die Chemikalien frei, die dein Körper braucht, wenn du einen Ball wirfst, einen Hamburger isst oder träumst. Jede Zelle führt pro Sekunde Milliarden von Tätigkeiten aus!

Wie alle Lebewesen werden auch Zellen gebildet, wachsen, vermehren sich und sterben. Aber um sich bilden zu können, brauchen sie keine Eltern. Sie vermehren sich, indem sie sich teilen. Dieser Teilungsprozess wird als Mitose bezeichnet. Wie oft sich eine Zelle teilt und wie lange sie lebt, hängt von ihrem Typ ab. Im menschlichen Körper gibt es rund 200 Zelltypen. Einige von ihnen, darunter die Hautzellen, nutzen sich rasch ab und müssen ebenso rasch ersetzt werden. Sie teilen sich alle 10 bis 30 Stunden. In jeder Minute werden Millionen durch neue ersetzt. Gehirnzellen dagegen müssen ein Leben lang halten. Sie vermehren sich nicht. Wenn du dich in etlichen Jahren an diese Worte hier erinnerst, benutzt du dieselben Zellen wie heute.

TEAMARBEIT
Zellen leisten Teamarbeit. Sie schließen sich zu Gewebe zusammen und bilden Organe, die den Körper am Leben erhalten. Jede Zelle ist ihrer Aufgabe perfekt angepasst. Die meisten Zellen haben einen Kern und die auf Seite 11 beschriebenen Bestandteile.

Nervenzellen besitzen lange Fasern, die Axone genannt werden und Botschaften von einer Nervenzelle zur nächsten übermitteln.

Rote Blutzellen ähneln Frisbeescheiben. Sie bringen Sauerstoff zu anderen Zellen und transportieren Kohlendioxid ab.

Muskelzellen sind lang und dünn. Wenn du dich bewegst, ziehen sie sich zusammen und entspannen sich.

Fettzellen sind rundlich. Sie schützen die Gelenke und manche Organe. Außerdem speichern sie Energie und liefern Wärme.

Hautzellen sind wie Ziegelsteine gestapelt und bilden eine schützende Außenmauer.

SEI AKTIV!

Gesucht: DNS

Das Verbrechen: Davids Kaugummi - gestohlen! Das Beweismaterial: Ein Klumpen Kaugummi unter Sallys Tisch. Deine Aufgabe: Finde den Dieb! Unmöglich? Nicht mit einem DNS-Test. DNS (links) ist die chemische Verbindung, aus der deine Gene bestehen. Sie ist in 46 Chromosomen gespeichert, die im Zellkern paarweise in Strängen angeordnet sind. Jeder Zellkern enthält einen kompletten Chromosomensatz, aber die Zelle „liest" nur diejenigen Gene, die sie für ihre Arbeit braucht. Auch Wissenschaftler können die Gene eines Menschen „lesen". Dazu benötigen sie nur einen Tropfen Speichel oder ein Haar. Vergleiche die DNS aus dem Speichel am Kaugummi mit der DNS eines Verdächtigen, und das Verbrechen ist aufgeklärt und der Dieb gefunden.

Wörterbuch

Gen kommt von *genea*, dem griechischen Wort für Geburt oder Abstammung. Deine Gene hast du von deinen Eltern geerbt. Sie sind in 46 Chromosomen gespeichert, die jeweils zur Hälfte von deinem Vater und deiner Mutter stammen. Wenn du ein Frosch wärst, hättest du 26 Chromosomen, und wenn du eine Gartenerbse wärst, nur 14. Aber primitivere Pflanzen und Tiere haben nicht immer weniger Chromosomen. Ein Goldfisch hat 94.

Schon gewusst?

- Die gesamte DNS in deinem Körper ist 37 585 mal so lang wie die Strecke von der Erde zum Mond und zurück. Sie lässt sich in deinem Körper unterbringen, weil die Chromosomen die Form von straff aufgerollten und gedrehten Leitern haben.
- Blutzellen haben eine Lebensdauer von etwa 120 Tagen. Leberzellen können 18 Monate leben und Nervenzellen mehr als 100 Jahre.

Wegweiser

- Geschlechtszellen (Eier und Spermien) haben jeweils nur einen halben Chromosomensatz. Sie bilden sich durch einen Prozess, der Meiose genannt wird. Mehr darüber auf Seite 12-13.
- Die kleinsten Zellen im Körper sind die roten Blutzellen. Ausgewachsene rote Blutzellen haben keinen Kern. Mehr über Blut auf Seite 56-57.

Zellmembran. Sie fungiert als Torhüter und lässt Nährstoffe hinein und Abfallprodukte hinaus.

Die Teile einer Zelle werden **Organellen** genannt. Jede Organelle hat eine bestimmte Aufgabe.

Vakuolen dienen der Aufnahme und Verdauung von Nährstoffen.

Lysosomen sind Verdauungsorgane, die Abfallprodukte und gefährliche Stoffe vernichten.

Zytoplasma. Eine gallertartige Masse, die die Organellen der Zelle enthält.

Endoplasmatisches Retikulum. Ein vielkammriges System, durch das die Fette und Proteine der Zelle transportiert werden.

Mikrotubuli. Diese Röhrchen transportieren Chemikalien und geben der Zelle ihre Form.

Ribosomen sind kleine Fabriken, die Eiweißverbindungen erstellen.

Kernkörperchen. Hier werden Ribosomen gebildet und gespeichert.

Kern. Das „Gehirn" der Zelle. Er enthält die Gene und steuert die Aktivitäten der Zelle.

Mitochondrien. Sie produzieren die Energie, die die Zelle zum Arbeiten braucht.

Golgi-Apparat. Eine Gruppe von flachen Säckchen, zuständig für Stoffe, die außerhalb der Zelle gebraucht werden.

GEFÄHRLICHE GESELLEN
Krebszellen sind Zellen, die außer Kontrolle geraten sind. Sie vermehren sich unaufhörlich, verdrängen die normalen Zellen und zerstören gesundes Gewebe.

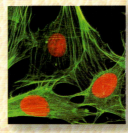

BLINDE PASSAGIERE
Wir tragen Millionen von Lebewesen mit uns herum. Sie leben auf unserer Haut und im Innern unseres Körpers, in den sie mit der Nahrung oder durch Hautverletzungen gelangen.

ÜBLER ATEM?
Oder Körpergeruch? Dafür sind Bakterien verantwortlich, Einzeller, die diese Probleme und noch schlimmere verursachen können. Einge von ihnen, wie die hier abgebildeten, können sich binnen Stunden millionenfach vermehren. Sie zerstören gesundes Gewebe und beeinträchtigen die Körperfunktionen.

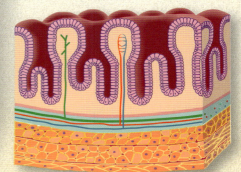

GUTE UND BÖSE
Nicht alle Bakterien richten Schaden an. Zu den guten gehören diejenigen in den Windungen der Magenwand (oben), die dem Körper helfen, die in der Nahrung enthaltenen Vitamine zu nutzen. Einige bekämpfen auch ihre bösen Verwandten.

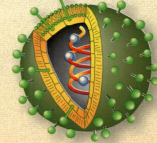

TRICKBETRÜGER
Viren dringen in Zellen ein und bringen sie dazu, weitere Viren zu produzieren. Dadurch verändert sich die Chemie der Zellen, und sie werden beschädigt oder sterben ab.

Elefant – 18 bis 22 Monate von Empfängnis bis Geburt

Wal – 11 bis 16 Monate von Empfängnis bis Geburt

Fledermaus – 40 bis 60 Ta Empfängnis bis Geburt

Der Beginn des Lebens

DAS LEBEN EINES JEDEN MENSCHEN beginnt mit einer einzigen Zelle, die kleiner ist als der Punkt auf diesem i. Neun Monate danach wird er geboren.

Am Anfang stehen eine Samenzelle (ein Spermium) und eine Eizelle. Samen- und Eizellen sind Geschlechtszellen oder Gameten. Sie bilden sich durch einen Prozess, der als Meiose oder Reduktionsteilung bezeichnet wird. Jede Geschlechtszelle enthält 23 Chromosomen, die Hälfte der für einen Menschen erforderlichen genetischen Informationen. Nach dem Geschlechtsverkehr können sich eine Ei- und eine Samenzelle vereinigen. Dieser Vorgang wird Empfängnis genannt.

Frauen werden mit allen Eizellen geboren, die sie je haben werden. Sie beginnen jedoch erst in der Pubertät zu reifen. Von da an produzieren die Eierstöcke jeden Monat eine reife Eizelle, die in einen Eileiter wandert. Dort bleibt sie 10 bis 15 Stunden.

Bei Männern werden von der Pubertät an Samenzellen gebildet. Hoden, Nebenhoden und Samenbläschen bilden eine Art Fließband, in dem sich die Spermien entwickeln, heranreifen und gespeichert werden. Beim Geschlechtsverkehr kommt es zu einer Ejakulation. Dabei wird Sperma, eine Mischung aus Spermien und Flüssigkeiten, durch die Harnröhre und den Penis in die Scheide der Frau befördert. Danach schwimmen die Spermien in die Eileiter. Ungefähr 300 Millionen Spermien machen sich auf diese Reise. Nur ein paar hundert überleben, und nur eines befruchtet die Eizelle. Das ist der Beginn eines neuen Lebens.

DIE GEBÄRMUTTER

In den Fortpflanzungsorganen werden die Samen- und die Eizellen gebildet. Andere Organ befördern sie. Aber nur in einem von ihnen kann neues Leben heranwachsen – der Gebärmutter (dem Uterus) der Frau. Jeden Monat bereitet sic dieses Organ auf die Aufnahme von neuem Lebe vor. Die innere Schleimhaut verdickt sich. Wenn keine Befruchtung stattfindet, werden Teile der Schleimhaut abgestoßen, und es kommt zur Regelblutung (Menstruation). Bei einer Schwangerschaft dagegen entwickelt sich aus der Schleimhaut die Plazenta, die das Ungeborene mit Nährstoffen versorgt. Wenn es heranwächst, dehnen sich die Muskeln der Gebärmutter.

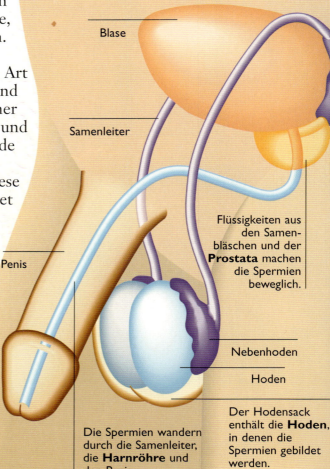

Samenbläschen

Blase

Samenleiter

Penis

Flüssigkeiten aus den Samenbläschen und der **Prostata** machen die Spermien beweglich.

Nebenhoden

Hoden

Die Spermien wandern durch die Samenleiter, die **Harnröhre** und den Penis.

Der Hodensack enthält die **Hoden**, in denen die Spermien gebildet werden.

SEI AKTIV!

Gene aus Smarties

Die Informationen für das Leben sind in den Genen enthalten. Wie bei diesen Smarties sind die Gene für die Augenfarbe paarweise angeordnet. Von jedem Elternteil wird eines vererbt. Die obere Smarties-Reihe repräsentiert die Eltern des Jungen. Ein Elternteil hat zwei Gene für braune Augen, der andere je eines für braune und blaue Augen. Trotzdem haben beide Eltern braune Augen. Wie kommt das? Die Antwort ist einfach: Gene für dunkle Augen dominieren über solche für hellere Augen. Bei zwei verschiedenen Genen bilden sich die dunkleren Augen. Die untere Smarties-Reihe repräsentiert den Jungen und seine Geschwister. Welche Augenfarben haben sie?

Mit bunten Bonbons oder Perlen kannst du einer imaginären Familie ihre Augenfarben-Gene geben. Wenn jeder Elternteil je ein Gen für blaue und für braune Augen hat, kann dann ein Kind blaue Augen haben?

BEFRUCHTUNG
Eine Samenzelle erreicht die Eizelle und dringt in sie ein. Das erste Spermium, dem das gelingt, befruchtet das Ei. Danach verhärtet sich die Zellmembram, damit keine weiteren Spermien eindringen können. Die befruchtete Eizelle heißt Zygote.

EINNISTUNG
Die Zygote teilt sich mehrere Male, wächst dabei jedoch nicht. Nach etwa sieben Tagen nistet sich dieses winzige Zellenknäuel in der Wand der Gebärmutter ein.

EMBRYO
Nach sieben Wochen ist aus dem Ungeborenen ein rasch wachsender Embroy geworden. Er wird über die Nabelschnur mit Sauerstoff und Nährstoffen aus der Plazenta versorgt.

Wörterbuch

Zweieiige Zwillinge entwickeln sich, wenn zwei Eier von zwei Spermien befruchtet werden. Sie wachsen gemeinsam in der Gebärmutter heran, haben aber verschiedene Gene. **Eineiige Zwillinge** entwickeln sich, wenn sich eine Eizelle auf ihrem Weg zur Gebärmutter in zwei Teile spaltet. Die aus diesen Zellhälften heranwachsenden Kinder haben die gleichen Gene.

Schon gewusst?

• Stell dir vor, du müsstest 40 km schwimmen. Das entspricht der Strecke, die jede Samenzelle zurücklegt.
• Möglicherweise werden Spermien durch Geruch zur Eizelle geleitet. Sie haben Geruchsrezeptoren wie unsere Nase.
• Spermien entwickeln sich am besten unter Körpertemperatur. Deshalb befinden sich die Hoden außerhalb des Körpers.

Wegweiser

• Gehirn und Rückenmark gehören zu den ersten Dingen, die sich bei einem Embryo entwickeln. Mehr über das Nervensystem erfährst du auf Seite 14-15.
• Hoden und Eierstöcke bilden Hormone, die die Geschlechtsreife steuern. Weitergehende Informationen über Hormone stehen auf Seite 28-29.
• Die Muskeln in der Gebärmutterwand dehnen sich, wenn das Ungeborene heranwächst. Mehr über Muskeln auf S. 38-39.

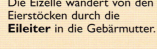

Die Eizelle wandert von den Eierstöcken durch die **Eileiter** in die Gebärmutter.

Eierstock

Die birnenförmige **Gebärmutter** liegt über der Blase.

Blase

Gebärmutterhals

Öffnung der Harnröhre

Die **Schamlippen** schützen die Scheide.

Scheide

INSIDESTORY
Leben im Mutterleib

Wie das Ungeborene auf dem Bildschirm des Ultraschallgeräts hast auch du dein Leben in der Gebärmutter schwimmend begonnen. Warmes Fruchtwasser hat dich umgeben und geschützt. Deine Nabelschnur hat dich mit Sauerstoff und Nährstoffen aus dem Blut deiner Mutter versorgt und Abfallprodukte abtransportiert. Zwei Monate nach der Empfängnis konntest du dich bereits bewegen. Du hast gewinkt, getreten und am Daumen gelutscht. Im achten Monat konntest du die Stimme deiner Mutter hören und durch ihre Bauchdecke hindurch Licht sehen. Wenige Wochen später wurdest du geboren.

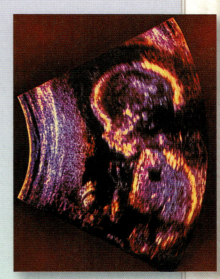

LEBENSREZEPTE
Menschen sind sich in Vielem sehr ähnlich, aber unsere Gene machen uns einzigartig. Manchmal bewirken fehlerhafte Gene oder Chromosomen aber auch erhebliche Unterschiede in der Art, auf die Menschen aussehen, denken und handeln. Dieses Kind hat ein Chromosom zu viel und leidet deshalb unter Mongolismus.

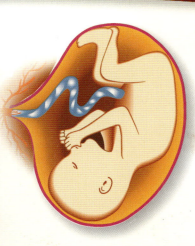

FETUS
Nach zwei Monaten ist aus dem Embryo ein Fetus geworden. Er hat bereits sämtliche Organe, ist aber kaum größer als eine Walnuss. Mit sieben Monaten ist er fast vollständig entwickelt und kann notfalls außerhalb des Mutterleibs überleben.

WILLKOMMEN IN DER WELT!
Neun Monate nach der Empfängnis befördern starke Muskelkontraktionen das Kind aus der Gebärmutter und durch die Scheide. Sein erster Schrei macht seine Lungen frei. Es atmet!

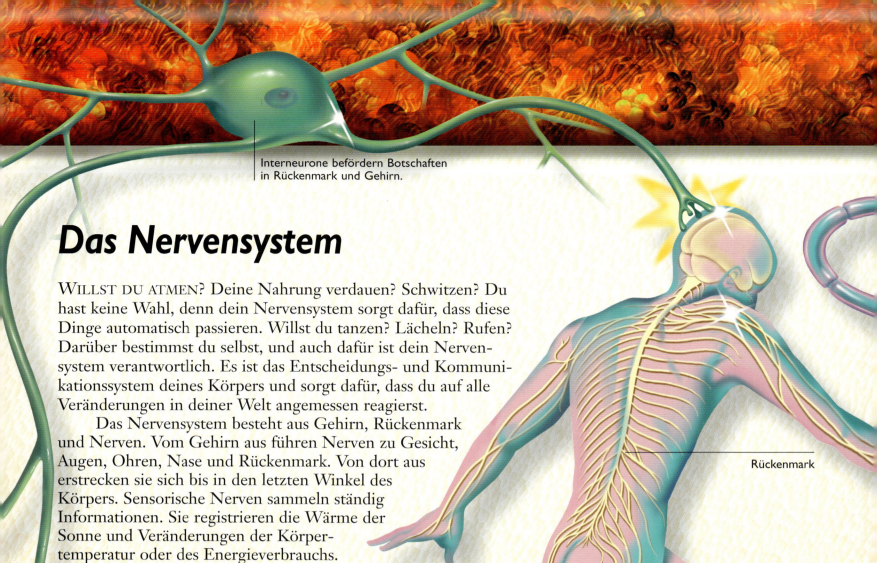

Interneurone befördern Botschaften in Rückenmark und Gehirn.

Das Nervensystem

WILLST DU ATMEN? Deine Nahrung verdauen? Schwitzen? Du hast keine Wahl, denn dein Nervensystem sorgt dafür, dass diese Dinge automatisch passieren. Willst du tanzen? Lächeln? Rufen? Darüber bestimmst du selbst, und auch dafür ist dein Nervensystem verantwortlich. Es ist das Entscheidungs- und Kommunikationssystem deines Körpers und sorgt dafür, dass du auf alle Veränderungen in deiner Welt angemessen reagierst.

Das Nervensystem besteht aus Gehirn, Rückenmark und Nerven. Vom Gehirn aus führen Nerven zu Gesicht, Augen, Ohren, Nase und Rückenmark. Von dort aus erstrecken sie sich bis in den letzten Winkel des Körpers. Sensorische Nerven sammeln ständig Informationen. Sie registrieren die Wärme der Sonne und Veränderungen der Körpertemperatur oder des Energieverbrauchs. Diese Informationen übermitteln sie an das Rückenmark, das sie ans Gehirn weiterleitet. Dort werden sie entschlüsselt. Die motorischen Nerven übermitteln Anweisungen. Dein Körper reagiert.

Gehirn und Rückenmark sind das Zentralnervensystem, die von ihm ausgehenden Nerven bilden das periphere Nervensystem. Gemeinsam kontrollieren sie alles, was du unwillkürlich tust, und ebenso alles, was du tun willst. Ob du atmest, aufstößt, blinzelst oder nachdenkst – dein Nervensystem ist ständig bei der Arbeit.

Rückenmark

INSIDESTORY
Die Welt erspüren

Ein Windhauch berührt deine Wange. Du hörst einen Freund rufen. Du riechst den Rauch eines Lagerfeuers und leckst dir süßen, klebrigen Türkischen Honig von den Lippen. All deine Eindrücke von der Welt werden von speziellen Nervenzellen vermittelt, die als Rezeptoren bezeichnet werden. Sie wandeln Druck, Licht, Schall, Geruch und Geschmack in elektrische Impulse um. Manche Rezeptoren wie etwa die Geschmackszellen oben arbeiten mit haarähnlichen Bestandteilen. Wenn die Härchen mit Geschmacksmolekülen aus der Nahrung in Berührung kommen, übermitteln sie ein Signal an einen sensorischen Nerv.

NERVEN!
Jeder Nerv besteht aus Tausenden von Nervenzellen (Neuronen). Diese langen, dünnen Zellen befördern Botschaften mit bis zu 90 Metern pro Sekunde Geschwindigkeit. Elektrische Impulse lassen jede Botschaft durch ein Axon rasen, den „langen Arm" eines Neurons. Am Ende des Axons wird sie von Chemikalien über die winzige Lücke zwischen zwei Nervenzellen befördert. Diese Lücke heißt Synapse, die Chemikalien werden Neurotransmitter genann Die Botschaft wird von den Dendriten der nächsten Zelle empfangen. Auf diese Weise wird sie von Zelle zu Zelle weitergeleitet, bis sie ihren Bestimmungsort erreicht hat.

NACHTDIENST
Dein Nervensystem arbeitet auch, wenn du schläfst. Es sorgt dafür, dass du atmest, dich umdrehst und träumst. Es reagiert auf Gefahren und kann dich wecken.

Wörterbuch

- **Dendrit** kommt vom griechischen Wort für Baum: *dendron*, denn die meisten Dendriten verzweigen sich in viele Äste.
- **Sensorisch** kommt von lateinisch „fühlen, empfinden" und bedeutet „die Sinne betreffend".
- **Motorisch** hängt mit *Motor* (lateinisch) zusammen und bezieht sich auf Nerven, die einen Muskelreiz auslösen oder weiterleiten.

Schon gewusst?

Beim Druck auf einen Nerv können deine Arme oder Beine „einschlafen". Wenn der Druck dann aufhört, sendet der Nerv eine Flut von Signalen ans Gehirn, und du verspürst ein Kribbeln.

Wegweiser

- Was passiert mit Sinneswahrnehmungen, wenn sie das Gehirn erreichen? Du erfährst es auf Seite 16-17.
- Das Rückenmark wird von der Wirbelsäule geschützt. Mehr über schützende Knochen steht auf Seite 42-43.
- Wie deine Nerven dir sagen, dass deine Blase voll ist, steht auf Seite 50-51.

Interneuron

Eine fettartige Substanz, Myelin genannt, umgibt das Axon und sorgt für blitzschnelle Übermittlung von Botschaften.

Dendriten sind kurze Fasern, die Botschaften von anderen Zellen empfangen.

Motorische Neurone übermitteln die Anweisungen des Gehirns an den Körper.

Das Axon übermittelt Botschaften an die nächste Nervenzelle.

Neurotransmitter leiten die Botschaft über die Synapse, eine Lücke zwischen zwei Nervenzellen.

RENNSTRECKE

Das Rückenmark ist eine Art Super-Schnellstraße, auf der Botschaften zum Gehirn und zurück geschickt werden. Es besteht aus Nervenbündeln, die im Innern der Wirbelsäule verlaufen und von Knochen und einer Flüssigkeit geschützt werden. Die sensorischen Nerven übermitteln Informationen von den Sinnes- und anderen Organen ans Gehirn, die motorischen Nerven leiten die Befehle des Gehirns an den Körper. Wenn diese Schnellstraße blockiert ist, können keine Botschaften mehr übermittelt werden, und es kommt zu einer Lähmung.

Rückenmark
Sensorische Nerven
Motorische Nerven
Rückenmarksflüssigkeit

SEI AKTIV!

Reflexhandlung

Bitte einen Freund, vor deinem Gesicht in die Hände zu klatschen, und versuche, nicht zu blinzeln. Unmöglich, richtig? Blinzeln ist ein Reflex, eine unwillkürliche Reaktion, über die du keine Kontrolle hast. Reflexe sind Abkürzungen im Nervensystem. Ein Nervensignal, das einen Reflex auslöst, gelangt nicht in die für das Denken zuständigen Bereiche des Gehirns. Sobald das Signal das Rückenmark oder den Hirnstamm erreicht, wird eine Reaktion ausgelöst. Du ziehst zum Beispiel deine Hand von einer heißen Herdplatte zurück. Auch Niesen, Husten und Atmen sind Reflexhandlungen. Hier zwei weitere zum Ausprobieren:

❶ Streiche mit einem Lineal über den Fuß eines Freundes. Der Fuß biegt sich weg.

❷ Versuche, vor deinen Freunden zu gähnen, und stelle fest, wie lange es dauert, bis sie es gleichfalls tun. Gähnen ist ansteckend, aber niemand weiß, warum.

SENSORISCHE NEURONE

Sensorische Neurone wie dieses befördern Botschaften zum Gehirn. Wenn zum Beispiel ein Aroma die Geschmackszellen in deiner Zunge anspricht, wird die Botschaft von den sensorischen Neuronen zu den Geschmackszentren im Gehirn geleitet.

15

Hirnwellen, wenn du wach bist

Hirnwellen, wenn du tief schläfst

Hirnwellen, wenn du träumst

Das empfindsame Gehirn

KIPPE MEHRERE PUZZLE auf den Boden und stell dir vor, das wäre deine Welt – ein Durcheinander aus Licht und Tönen und Dingen, die dich umgeben und sich ständig verändern. Nun such dir nur die Teile heraus, die du für ein Bild brauchst. Genau das tut dein Gehirn, und zwar in jeder Sekunde Hunderte von Malen. Augen, Ohren, Nase, Mund und Haut registrieren die Welt, aber das Gehirn entschlüsselt die Botschaften und kombiniert Farben und Gerüche, Geschmacksempfindungen und Töne, so dass du zum Beispiel den Unterschied zwischen einer Katze und einem Stinktier erkennen kannst.

Wenn du einem Stinktier begegnest, aktivieren deine Sinne zahlreiche Pfade zum Gehirn. Auf einem Pfad rasen Informationen über die Farbe des Stinktiers entlang, auf anderen Pfaden werden Botschaften über seine Größe, seine Form und seinen Geruch übermittelt. Jede dieser Botschaften landet in einem speziellen Teil des Gehirns. Sie gleichen den ausgekippten Teilen der Puzzle, aber sie bleiben nicht lange isoliert. Die verschiedenen Bereiche des Gehirns haben spezielle Aufgaben, aber sie arbeiten auch zusammen. Das Gehirn kombiniert die Botschaften von allen Sinnen, gleicht sie mit den gespeicherten Erinnerungen ab und liefert die Information „Stinktier!" Blitzschnell erhalten deine Muskeln die Anweisung „Nicht bewegen!" In Bruchteilen von Sekunden bewahrt dein Gehirn dich davor, dass du angespritzt wirst.

MEISTERWERK

Das Gehirn wiegt nur knapp 1,5 Kilogramm und sieht aus wie eine runzlige Masse aus grauem Gallert, ist aber die leistungsfähigste Datenverarbeitungs-Maschine der Welt. Es enthält über 100 Milliarden Nervenzellen und die zehnfache Menge an Hilfszellen und besteht aus drei Hauptteilen: dem Großhirn, dem Kleinhirn und dem Hirnstamm. Das Großhirn koordiniert alle Informationen von den Sinnesorganen und steuert Denken und Handeln.

Sehen

Hö

Das Kleinhirn ist für das Gleichgewicht und Muskelbewegungen zuständig.

Gleichgewicht

Der Hirnstamm steuert lebenswichtige Funktionen wie das Atmen.

Das Rückenmark verbindet das Gehirn mit dem gesamten Körper.

SEI AKTIV!

Mach dir ein Bild

Dein Gedächtnis und deine Fantasie sind auf Informationen von deinen Sinnesorganen angewiesen. Was leisten diese Organe? Mit diesem Experiment kannst du es herausfinden. Bitte einen Freund, aus Ton ein Bild zu modellieren. Schau nicht hin. Verbinde dir die Augen und taste das Bild mit den Fingern ab. Dann nimm die Augenbinde ab, aber sieh dir das Bild nicht an. Zeichne, was du gefühlt hast. Worin unterscheiden sich die Bilder?

SCHMERZ UND GEHIRN

Eine Verletzung der Kopfhaut tut weh. Ein Schädelbruch tut weh. Aber eine Gehirnverletzung tut es nicht. Was also hat das Gehirn mit dem Schmerz zu tun? Alles.

WARNSIGNALE

Spezielle Nerven in der Haut, den Muskeln, den Blutgefäßen, den Knochen und den inneren Organen übermitteln Schmerzbotschaften ans Gehirn. So erfährst du sofort, dass etwas nicht in Ordnung ist.

REKORDTEMPO

Der scharfe Schmerz eines Bienenstichs gelangt auf einer Express-Spur zum Gehirn. „Schnelle" Nervenfasern befördern die Signale mit einer Geschwindigkeit von zu 30 Metern pro Sekunde. Eines dump Schmerzes werden wi uns langsamer bewuss

Wörterbuch

Hirnwellen können aufgezeichnet werden und geben Aufschluss über die Aktivität des Gehirns. Sie entstehen durch die Millionen von winzigen elektrischen Stromstößen, mit denen Botschaften durchs Gehirn befördert werden. Die Hirnwellen sehen im Wachen und Schlafen unterschiedlich aus und unterscheiden sich, wie links oben abgebildet, sogar in verschiedenen Schlafstadien voneinander.

Schon gewusst?

- Im menschlichen Gehirn gibt es mehr Nervenzellen als Sterne in der Milchstraße.
- Die Runzeln des Gehirns mögen hässlich aussehen, aber sie ermöglichen die Unterbringung einer größeren Zahl von Nervenzellen im Schädel.
- Informationen gelangen bruchstückhaft ins Gehirn und werden auch so gespeichert, z. B. Farben getrennt von Zahlen.

Wegweiser

- Wie erinnerst du dich, dass ein Stinktier ein Stinktier und keine Katze ist? Du erfährst es auf Seite 18-19.
- Was verbindet das Ohr mit dem Gehirn? Lies Seite 22-23.
- Dein Gehirn verbraucht zehnmal so viel Energie wie irgendein anderer Körperteil. Auf Seite 54-55 steht, wie energiereiches Blut ins Gehirn gelangt.

Die Nerven des Balkens verbinden die beiden Hälften des Großhirns.

Das Gehirn wird von Flüssigkeiten, den Schädelknochen und zähen Hirnhäuten geschützt.

Riechen
Tasten
Schlaf
Bewegung
Sprache
Geschmack
Großhirn

Die Zirbeldrüse steuert den Schlaf.

ZWEI IN EINEM
Eine tiefe Furche teilt das Großhirn in eine linke und eine rechte Hälfte, die man auch Hemisphären nennt. Beide Hälften sind unterschiedlich spezialisiert. Die recht ist zum Beispiel für die Orientierung zuständig, wie Kartenlesen usw. Beiden meisten Menschen ist die Fähigkeit zu sprechen auf die linke Hemisphäre konzentriert. Jede Hemisphäre kontrolliert Arm und Bei der anderen Körperseite!

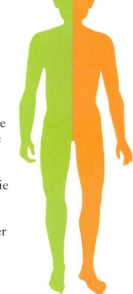

INSIDESTORY
Fenster ins Gehirn

Hast du dich schon einmal gefragt, weshalb die meisten Erwachsenen ihre Reaktionen auf Gefühle besser kontrollieren können als Jugendliche? Wissenschaftler am McLean Hospital haben es vielleicht herausgefunden. Sie haben Teenagern und Erwachsenen diese Fotos von einem erschrockenen und einem gequälten Gesicht gezeigt und aufgezeichnet, was beim Betrachten der Fotos im Gehirn ihrer Versuchspersonen passiert. Bei den Jugendlichen reagierte einer der für Emotionen zuständigen Bereiche des Gehirns stärker als für die Vernunft zuständige. Bei den Erwachsenen war es genau umgekehrt. Je jünger die Jugendlichen waren, desto größer war der Unterschied. Untersuchungen wie diese geben uns Aufschlüsse über die Entwicklung des Gehirns.

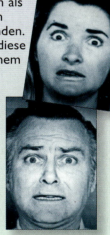

Erschrocken

Gequält

NATÜRLICHE SCHMERZMITTEL
Schwere Verletzungen tun zu Anfang oft überhaupt nicht weh, weil das Gehirn seine eigenen Schmerzmittel erzeugt, die jedoch nur kurze Zeit wirken. Schmerz ist wichtig. Er sorgt dafür, dass die schmerzenden Körperteile ruhig gestellt werden und dadurch besser heilen können.

NERVENBLOCKADE
Schmerzmittel arbeiten im Gehirn. Manche verhindern, dass Schmerzsignale zu ihm durchdringen, indem sie die Stellen in den Nervenzellen blockieren, die normalerweise die Schmerzbotschaften empfangen. Andere mildern Reaktionen, die wie zum Beispiel Schwellungen Schmerzen verursachen.

17

Gehirn eines Menschen

Gehirn eines Delphins

Gehirn einer Fledermaus

Das denkende Gehirn

IM AUGENBLICK TUT dein Gehirn etwas höchst Erstaunliches. Es liest über sich selbst. Das kann weder das Gehirn deines Hundes und das der Fische in deinem Aquarium schon gar nicht.

Das menschliche Gehirn ist einzigartig. Es kann die Sterne bewundern und sich Leben auf anderen Planeten vorstellen. Es kann Raumschiffe konstruieren und mitfiebern, wenn sie zum Mond fliegen. Diese bemerkenswerten Fähigkeiten haben wir dem Großhirn zu verdanken. Diese einer Walnuss ähnelnde Masse von Neuronen ist beim Menschen höher entwickelt als bei den Tieren. Es ist der größte Teil des Gehirns. Dort werden Sinneseindrücke in Gedanken, Hoffnungen und Gefühle umgewandelt. Das Großhirn macht den Menschen zu dem, was er ist.

Für die Beschaffenheit des Gehirns sind sowohl Gene als auch Erfahrungen verantwortlich. Die Gene liefern die Straßenkarte, die Verbindungen zwischen den Nervenzellen. Die Erfahrung dagegen entscheidet darüber, welche „Straßen" benutzt werden und welche nicht. Wenn du Klavierspielen übst oder ein Buch liest, werden einige Verbindungen gekräftigt. Wenn du etwas Neues lernst, kommen neue Verbindungen zustande, und ungenutzte Verbindungen gehen verloren. Dieser Prozess dauert lebenslang an, aber die Wissenschaftler wissen noch nicht, welche Veränderungen beim Kräftigen von Gehirnzellen vor sich gehen. Vielleicht findet das Großhirn es eines Tages heraus.

GEFÜHLE UND LERNEN

Gefühle sind der Leim, der dafür sorgt, dass das Erlernte haften bleibt. Vielleicht liebst du Fußball und hasst Rechnen. Dann wirst du Torstatistiken vermutlich leichter lernen als das Einmaleins. Die Freude an einer Sache hilft beim Lernen. Beim Lernprozess spielen mehrere Teile des Gehirns eine Rolle. Die wichtigsten sind das Limbische System (von dem ein Teil in Gelb dargestellt ist) und der Stirnlappen (rosa). Das Limbische System ist der Bereich, in dem Gefühle entstehen, die dann mit Denkvorgängen im Stirnlappen kombiniert werden.

SEI AKTIV!

Das Gedächtnis

Betrachte die Formen links (A) und anschließend die unten (B). Du wirst dich vermutlich erinnern, dass die unteren länger sind. Das liegt daran, dass du zwei Gedächtnistypen hast. Das Kurzzeitgedächtnis sorgt dafür, dass du zum Beispiel nicht vergisst, deinem Bruder etwas auszurichten. Das Langzeitgedächtnis ist so etwas wie die Festplatte des Gehirns. Was auf ihr gespeichert ist, kann für immer bewahrt bleiben. Damit eine Erfahrung ins Langzeitgedächtnis aufgenommen werden kann, muss sie jedoch wiederholt und mit anderen, ähnlichen Dingen verknüpft werden. Die Hausform ist einprägsamer, weil sie uns vertraut ist.

ZUFÄLLIGE ERKENNTNIS

Eine Eisenstange durchbohrte einen Stirnlappen von Phineas Gage und veränderte seine Persönlichkeit. Dieser Unfall lehrte die Wissenschaftler, dass die Stirnlappen an der Steuerung der Gefühle beteiligt sind.

WENN DAS GEHIRN VERSAGT

Krankheiten können die für das Denken und Fühlen zuständigen Bereiche des Gehirns schädigen. Die Folge sind oft Veränderungen der Persönlichkeit und des Verhaltens. Die meisten geistigen Erkrankungen sind unheilbar, lassen sich aber mit Medikamenten lindern.

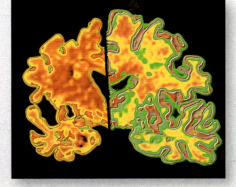

IM BILDE

Früher glaubten die Leute, geistige Erkrankungen wären bloße Einbildung. Aber das stimmt nicht. Sie sind so real wie ein gebrochener Knöchel oder Windpocken. Die Computeraufnahme des Gehirns links stammt von einem Menschen mit der Alzheimerschen Krankheit, die rechts von einem gesunden Menschen. Das Alzheimer-Gehirn ist wesentlich kleiner, weil die Krankheit Gehirnzellen abtötet. Mit Hilfe solcher Bilder können die Wissenschaftler verfolgen, wie sich das Gehirn im Laufe einer Erkrankung verändert, und bessere Behandlungsmethoden entwickeln.

Wörterbuch

Cerebrum (Großhirn) und **Cerebellum** (Kleinhirn) sind lateinische Worte, die „Gehirn" und „kleines Gehirn" bedeuten. Das Adjektiv **zerebral** bedeutet „zum Großhirn gehörig" oder intellektuell. Wenn du dich mit einem schwierigen Problem herumschlägst, nutzt du deine zerebralen Fähigkeiten, das heißt, du lässt dein Großhirn arbeiten.

Schon gewusst?

- Das Gehirn von vernachlässigten Kindern ist 20 bis 30 Prozent kleiner als das von solchen, um die die Eltern sich kümmern.
- Worte formen das Gehirn. Je mehr ein Kleinkind jeden Tag hört, desto besser wird es später lernen.
- Kinder, die von Geburt an zwei Sprachen lernen, speichern sie im gleichen Gehirnabschnitt. Wenn sie dagegen eine zweite Sprache später lernen, wird sie separat gespeichert.

Wegweiser

- Eine Nervenfaser verbindet jeweils zwei Augenmuskeln mit dem Gehirn. Was gibt es noch über die Augen zu wissen? Lies nach auf Seite 20-21.
- Beim Älterwerden sterben Gehirnzellen ab, Kann man auch ohne sie weiterlernen? Du erfährst es auf Seite 30-31.
- Dein Gehirn hilft dir bei der Entscheidung, wann und was du essen solltest. Danach übernimmt ein anderes „Gehirn" im Verdauungssystem. Mehr darüber steht auf Seite 48-49.

INSIDESTORY
Berühmter Denker

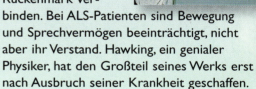

Nicht alle Gehirnerkrankungen beeinträchtigen den Verstand. Stephen Hawking leidet unter Amyotrophischer Lateralsklerose (ALS), bei der Nervenzellen angegriffen werden, die das Gehirn mit dem Rückenmark verbinden. Bei ALS-Patienten sind Bewegung und Sprechvermögen beeinträchtigt, nicht aber ihr Verstand. Hawking, ein genialer Physiker, hat den Großteil seines Werks erst nach Ausbruch seiner Krankheit geschaffen.

ICH HAB'S GEWUSST
Menschen können nicht Gedanken lesen. Dennoch weiß unser Gehirn anscheinend manche Dinge früher als wir. Das liegt vermutlich daran, dass sich unser Gehirn an Erfahrungen und Gefühle erinnert, von denen wir nur glauben, wir hätten sie vergessen.

DEPRESSIONEN
Die am häufigsten vorkommende geistige Erkrankung ist die Depression. Sie zerstört Glück, Hoffnung und Lachen. Dennoch gibt es viele Menschen, die trotz dieser Krankheit ein erfolgreiches Leben führen. Abraham Lincoln war einer von ihnen.

VERSCHIEDENE GEHIRNE
Manche Kriegs- oder Verbrechensopfer können ihre schrecklichen Erlebnisse nicht vergessen und werden von Erinnerungen gequält. Andere Menschen haben Ähnliches erlebt, leiden aber nicht darunter. Computeraufnahmen haben ergeben, dass sich die Gehirne beider Gruppen unterscheiden.

FINDE DEINEN BLINDEN FLECK
Halte diese Seite auf Armlänge von dir entfernt. Schließe das linke Auge und betrachte mit dem rechten den linken Punkt. Dann nähere die Seite langsam an deine Augen an, bis der rechte Punkt verschwindet.

Mit eigenen Augen

WENN DU EINEN VOGEL beobachtest, blicken deine Augen nach oben. Wenn du eine Straße überquerst, schauen sie nach rechts und links. Sie passen sich automatisch der Dämmerung oder hellem Sonnenlicht an. Sie richten sich auf nahe und ferne Gegenstände. Deine Augen sind ständig in Bewegung und beliefern das Gehirn mit Informationen.

Jeder Gegenstand in Sichtweite reflektiert Lichtstrahlen. Sie werden von unseren Augen absorbiert und gebündelt und anschließend in Millionen von Nervensignale umgewandelt, die dann über den Sehnerv blitzschnell ins Gehirn befördert werden. Wir sehen, sobald das Gehirn die Botschaft entschlüsselt hat.

Die Welt, die wir sehen, und die, die das Auge wahrnimmt, stimmen nicht überein. Die Netzhaut im Hintergrund des Auges enthält lichtempfindliche Rezeptoren, die Stäbchen und Zapfen genannt werden. Die Stäbchen registrieren Bewegungen und ermöglichen des Sehen bei schwachem Licht. Die Zapfen ermöglichen das Farbensehen, brauchen dazu aber mehr Helligkeit. Am dichtesten sind die Zapfen im „gelben Fleck" im Zentrum der Netzhaus angeordnet. Nur dieser Abschnitt des Auges liefert detaillierte Bilder, die vom Gehirn aus dem Gedächtnis vervollständigt werden. Die Augen brechen und bündeln das Licht, aber das Gehirn gibt dem Gesehenen einen Sinn. Du kannst dein Mathebuch nicht finden, obwohl du direkt daraufschaust? Dann ist dein Gehirn verantwortlich, nicht deine Augen.

WASCHAUTOMAT
Bei jedem Blinzeln wird Tränenflüssigkeit über das Auge gespült. Sie enthält Chemikalien, die Krankheitskeime abtöten. Diese Flüssigkeit wird in der Tränendrüse oberhalb des Auges gebildet und über die Tränenkanälchen in die Nasenhöhle abgeleitet.

MUSKELARBEIT
Jedesmal, wenn du deine Blickrichtung änderst, wird jeder Augapfel von sechs Muskeln bewegt. Andere Muskeln stellen Linse und Pupille ein. Sie arbeiten ununterbrochen, denn nur mit ihrer Hilfe kannst du die Welt deutlich sehen.

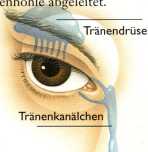

WIE WIR SEHEN
Einfallende Lichtstrahlen werden von der Hornhaut gebrochen, passieren die Pupille und treffen auf die Linse. Je nachdem, ob ein Gegenstand nah oder fern ist, wölbt sich die Linse oder flacht sich ab. Dann wirft sie ein auf dem Kopf stehendes Bild auf die Netzhaut. Dort wird das Bild in Nervensignale umgewandelt. Das Gehirn entschlüsselt die Signale und zeigt dir die Welt richtig herum.

INSIDESTORY
Fenster der Seele

Deine Augen zeigen dir die Welt, lassen aber auch andere Menschen erkennen, was du fühlst. Ein hochgezogenes Oberlid signalisiert Überraschung. Bei Erstaunen, Interesse oder Angst weiten sich die Pupillen. Du kannst zwinkern, wenn du jemanden wissen lassen willst, dass du nur Spaß machst. Wenn du nervös bist, beginnst du zu blinzeln. Wenn du jemanden gern hast, schaust du ihm in die Augen, aber du wendest den Blick ab, wenn du verlegen bist oder dich schämst. Du kannst weinen. Gefühlstränen haben eine andere chemische Zusammensetzung als gewöhnliche Tränen. Bisher ist unbekannt, auf welche Weise Gefühlstränen helfen, aber häufig fühlen Menschen sich besser, wenn sie ausgiebig geweint haben.

NORMALES SEHEN
Wenn die Linse Licht direkt auf die Netzhaut wirft, kann ein Mensch deutlich sehen. Gene, Krankheiten und Alter können das normale Sehen beeinträchtigen.

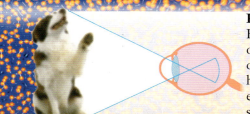

KURZSICHTIGKEIT
Bei manchen Menschen ist der Augapfel so geformt, dass das Licht vor der Netzhaut gebündelt wird. Weit entfernte Gegenstände sehen sie nur verschwommen.

Wörterbuch

- Der farbige Teil des Auges, die **Iris** oder Regenbogenhaut, ist nach der griechischen Regenbogengöttin Iris benannt.
- **Pupille**, das Sehloch in der Iris, kommt von lateinisch *pupilla*, was eigentlich „kleines Mädchen, Püppchen" heißt. Der Betrachter sieht sich als ein Püppchen in den Augen seines Gegenübers.

Schon gewusst?

- Wo der Sehnerv austritt, gibt es auf der Netzhaut keine Lichtrezeptoren. Hier liegt der „blinde Fleck".
- Fingerabdrücke haben 40 unverwechselbare Merkmale, bei der Iris sind es 266. Wird man Menschen eines Tages anhand ihrer Iris identifizieren?
- Du kannst jeden Tag eine halbe Stunde nichts sehen. Weshalb? Weil du blinzelst.

Wegweiser

- Du erbst die Augenfarbe von deinen Eltern. Wie das funktioniert, steht auf Seite 12-13.
- Für die Augenfarbe ist der Farbstoff Melanin verantwortlich. Mehr über Melanin steht auf Seite 34-35.
- Blinde sind auf andere Sinnesorgane angewiesen. Ihr Gehör ist besonders scharf. Informationen über die Ohren findest du auf Seite 22-23.

Die durchsichtige **Hornhaut** bricht die Lichtstrahlen.

Der gallertartige **Glaskörper** gibt dem Auge seine Form.

Die **Netzhaut** wandelt das Bild in Nervensignale um.

Die **Aderhaut** enthält zahlreiche Blutgefäße.

Der **Sehnerv** verbindet das Auge mit dem Gehirn.

Die **Linse** bündelt die Lichtstrahlen.

Die **Pupille** ist das „Sehloch" in der Iris.

Die weiße **Lederhaut** umgibt den Augapfel.

Pupillenmuskeln steuern den Lichteinfall.

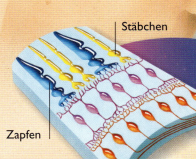

Stäbchen

Zapfen

FARBENSEHEN
Die Zapfen enthalten drei Zelltypen, die auf Rot, Bläulichgrün und Violett reagieren. Sie werden durch Licht stimuliert, und durch Mischung dieser Primärfarben können alle anderen Farben entstehen. Bei manchen Menschen fehlt einer dieser Zelltypen oder ist beschädigt. Sie können einige oder alle Farben nicht sehen – sie sind farbenblind.

SEI AKTIV!

Täuschung!

Deine Augen sind ein Stück voneinander entfernt und sehen deshalb Bilder, die sich leicht voneinander unterscheiden. Im Gehirn werden sie dann kombiniert. Halte eine Röhre an dein rechtes Auge und die linke Hand wie gezeigt. Dann schau geradeaus. Ein Auge sieht deine Hand, das andere das Loch. Was sieht das Gehirn? Ein Loch in deiner Hand!

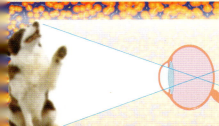

WEITSICHTIGKEIT
Wenn Menschen älter werden, wird die Linse steif und kann sich nicht mehr auf nahe Gegenstände einstellen. Das Licht wird hinter der Netzhaut gebündelt, und nahe Gegenstände sind verschwommen.

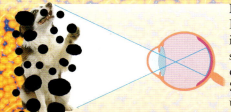

DIABETES-BLINDHEIT
Diabetes kann die Blutgefäße in der Netzhaut so stark schädigen, dass die beschädigten Abschnitte keine Signale mehr an das Gehirn übermitteln können.

Hammer   Amboss   Steigbügel   Die Knochen des Mittelohrs

Wie wir hören

HALTE DEINE HANDFLÄCHE dicht vor deinen Mund, dann sage etwas. Spürst du die Schwingungen? Diese Schwingungen sind die Schallwellen deiner Stimme. Alle Geräusche erzeugen unsichtbare Wellen. Deine Ohren fangen diese Schallwellen auf und befördern sie aus der Luft zu deinem Gehirn.

Die Ohrmuschel sammelt die eintreffenden Schallwellen. Sie wandern in den Gehörgang, treffen auf das Trommelfell und versetzen es in Schwingung. Ohrmuschel und Gehörgang bilden das Außenohr. Das Mittelohr ist ein kleiner Hohlraum, der drei winzige Knochen enthält. Diese Gehörknöchelchen stehen mit dem Trommelfell und miteinander in Verbindung. Wenn sich das Trommelfell bewegt, tun dies auch die Knochen. Sie verstärken die Schallwellen, so dass man auch leise Geräusche hören kann, und leiten sie außerdem in einen Teil des Innenohrs, die Schnecke, weiter. In der Schnecke werden die Schallwellen in Nervensignale umgewandelt und über den Hörnerv ans Gehirn weitergeleitet. Wir hören, sobald das Gehirn die Nervensignale entschlüsselt hat.

Im Innenohr befindet sich auch das Gleichgewichtsorgan des Körpers. Es informiert das Gehirn, wenn sich der Kopf bewegt. Täte es das nicht, würde dir beim Lesen dieser Seite schwindlig. So unwahrscheinlich es klingt: Du brauchst zum Lesen auch deine Ohren!

VOM OHR ZUM GEHIRN

Die Schnecke ist mit Millionen von Sinneszellen mit ganz feinen Härchen ausgekleidet, die Schallwellen in Nervensignale umwandeln. Wenn Schallwellen die Schnecke erreichen, durchlaufen sie eine Flüssigkeit, die durch die Schallwellen in Bewegung versetzt wird. Die Härchen übertragen die Bewegung an die mit ihnen verbundenen Nervenfasern. Diese vereinigen sich zum Hörnerv, der die Informationen ans Gehirn weiterleitet.

LÄRM

Laute Geräusche können die empfindlichen Hörzellen im Innenohr schädigen. Diese Zellen können sich weder erneuern noch reparieren. Wenn sie stark geschädigt sind, ist Schwerhörigkeit oder Taubheit die Folge. Also achte auf die Lautstärke deiner Kopfhörer.

SEI AKTIV! Das Gleichgewicht

Drei halbkreisförmige knöcherne Bogengänge sorgen dafür, dass du das Gleichgewicht nicht verlierst. Sie sagen deinem Gehirn, wo sich dein Kopf befindet. Bei jeder Kopfbewegung bewegt sich die Flüssigkeit, die das Gleichgewichtsorgan ausfüllt. Sinneszellen leiten die Bewegungen ans Gehirn weiter. Dort werden diese Signale mit anderen kombiniert, die von den Muskeln und den Augen kommen. Manchmal stimmen die Botschaften von den Ohren, den Augen und den Muskeln nicht überein. Dann wird dir schwindlig.

Mach einen Gleichgewichtstest: Verbinde dir die Augen und stehe dann auf einem Bein. Es ist schwieriger, als du glaubst.

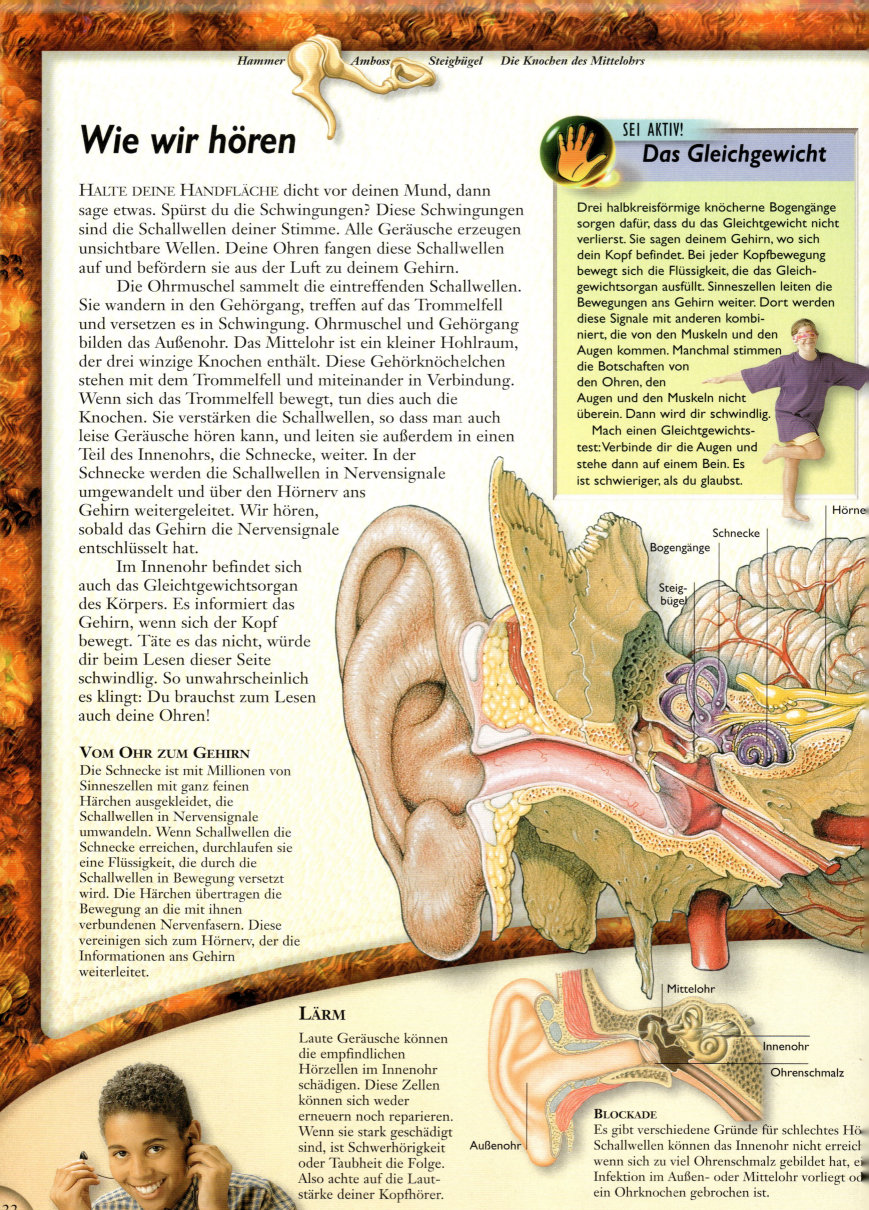

Hörnerv
Schnecke
Bogengänge
Steigbügel

Mittelohr
Innenohr
Ohrenschmalz
Außenohr

BLOCKADE

Es gibt verschiedene Gründe für schlechtes Hö[ren]. Schallwellen können das Innenohr nicht erreich[en], wenn sich zu viel Ohrenschmalz gebildet hat, e[ine] Infektion im Außen- oder Mittelohr vorliegt od[er] ein Ohrknochen gebrochen ist.

Wörterbuch

- Die **Eustachische Röhre** oder Ohrtrompete verbindet das Mittelohr mit dem Rachen. Sie erhielt ihren Namen nach dem italienischen Arzt Bartolommeo Eustachio, der von ca. 1520 bis 1574 lebte. Eustachio beschäftigte sich eingehend mit der Anatomie des Menschen und war der erste, der die Ohrtrompete beschrieb.

Schon gewusst?

- Schallwellen bewegen sich mit 331 Metern pro Sekunde durch die Luft.
- Ohrenschmalz wird von kleinen Drüsen im Gehörgang abgesondert. Es schützt das Ohr vor Schmutz und Bakterien.
- Wenn deine Stimme von einem Recorder kommt, hört sie sich fremd an, weil die Schallwellen dich nur durch die Luft erreichen. Wenn du sprichst, wandert ein Teil von ihnen durch die Schädelknochen.

Wegweiser

- Die Eustachische Röhre mündet in den Rachen. Wo mündet der Rachen? Du erfährst es auf Seite 26-27.
- Die Knochen im Ohr sind die kleinsten des Körpers. Welches sind die längsten? Lies Seite 40-41.
- Das Mittelohr ist mit einer Schleimhaut ausgekleidet. Welche Aufgaben Schleim im Körper erfüllt, steht auf Seite 24-25.

HÖR ZU, FIDO

Hunde und andere Säugetiere haben breite, flache Ohrklappen, mit denen sie eine Vielzahl von Geräuschen einfangen können. Sie können ihr Außenohr „spitzen" und es so bewegen, dass es die Schallwellen einfängt. Unser Außenohr dagegen ist unbeweglich; wir fangen den Schall mit der Ohrmuschel ein. Aber die Form ist nicht das Einzige, was das Hundeohr vom Menschenohr unterscheidet. Das Gehör des Hundes ist schärfer und imstande, höhere und tiefere Töne wahrzunehmen als der Mensch.

HÖRHILFEN

Menschen, die nur schlecht oder gar nicht hören, kann mit einem Schnecken-implantat geholfen werden. Ein Mikrofon und ein Mikrochip werden hinter dem Ohr getragen. Sie fangen Schallwellen ein und wandeln sie in elektrische Impulse um. Diese Signale werden dann durch die Haut an den Teil des Geräts weitergeleitet, der im Innenohr implantiert wurde. Das Implantat übermittelt die Impulse ans Gehirn.

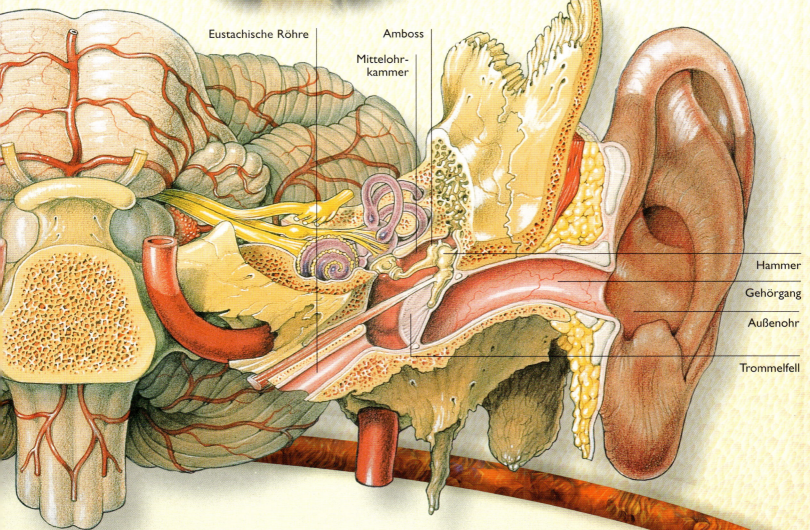

Eustachische Röhre
Amboss
Mittelohrkammer
Hammer
Gehörgang
Außenohr
Trommelfell

DRUCKAUSGLEICH

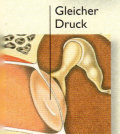

Gleicher Druck

Luft im Gehörgang drückt von außen gegen das Trommelfell. Luft im Innern des Mittelohrs drückt von innen dagegen. Wenn der Druck ausgeglichen ist, kann das Trommelfell normal arbeiten. Es schwingt und überträgt die Schallwellen vom Außen- ins Mittelohr.

GESTÖRTE SCHWINGUNGEN

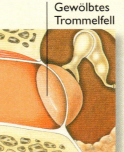

Gewölbtes Trommelfell

Durch die Eustachische Röhre gelangt Luft aus der Nase ins Mittelohr. Wenn die Röhre verstopft ist, stimmt der Druck im Innenohr nicht mehr mit dem im Gehörgang überein, und das Trommelfell wölbt sich. Es kann nicht mehr richtig funktionieren, und man hört schlecht.

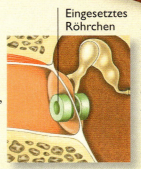

Eingesetztes Röhrchen

LINDERUNG

Bei einer Mittelohr-entzündung drückt Flüssigkeit gegen das Trommelfell. Das tut weh. Ärzte können Röhrchen einsetzen, durch welche die Flüssigkeit abfließt.

23

Stinktier　　　*Müll*　　　*Rauch*

Die Nase vorn

WILLST DU ETWAS über Schleim und Härchen in der Nase wissen? Bevor du „scheußlich" sagst und weiterblätterst, solltest du wissen, dass du ohne Schleim den Duft einer Rose nicht genießen könntest, und ohne die Härchen könnten Staub, Pollen und andere winzige Objekte in deine Nase eindringen.

Deine Nase erfüllt zwei wichtige Aufgaben. Sie reinigt und wärmt die Luft, die du atmest. Außerdem lässt sie dich Gerüche wahrnehmen – angenehme und üble. Für diese Aufgabe ist die Nase gut gerüstet. Sie kann Luft aufnehmen, weil sie aus deinem Gesicht hervorragt, und sie enthält Blutgefäße, die die vorbeistreichende Luft anwärmen. Der obere Teil der Nase wird von Knochen geschützt, die Spitze dagegen besteht aus biegsamem Knorpel. Er ermöglicht das Erweitern der Nasenlöcher und damit tieferes Atmen.

Die Luft, die wir einatmen, wird von Härchen gefiltert. Sie verhindern, dass Fremdkörper eindringen. Pollen oder Staubkörnchen, die so klein sind, dass sie trotzdem hineingelangen, lösen ein Niesen aus, aber in der Regel werden sie genauso wie Krankheitserreger von der Schleimhaut in der Nase eingefangen und unschädlich gemacht. Die Schleimhaut kann außerdem Geschmacksmoleküle wahrnehmen. Sie bewahrt dich davor, dass du saure Milch trinkst oder die Socken vom Vortag noch einmal anziehst. Jetzt weißt du über Schleim und Härchen in der Nase Bescheid. Nicht so scheußlich, wie du dachtest, stimmt's?

INSIDESTORY
Haaa-tschi!

Staubmilben gehören zu den unwillkommenen Gästen, die ein Niesen auslösen. Das sind Tierchen, die im Staub leben und nur unter dem Mikroskop zu erkennen sind (die Milbe hier ist vergrößert dargestellt, damit du sie erkennen kannst). Wenn Milben die Schleimhaut reizen, lösen die Nervenzellen in ihr Alarm aus. Das Atemzentrum deines Gehirns reagiert und sendet ein Signal an die Lungen, die sich daraufhin mit Luft füllen. *Haaa...* Dann schließen sich die Atemwege. Druck baut sich auf, bis – *tschi!* Luft entweicht mit Sturmstärke aus den Lungen und reißt Milben und Schleim mit sich.

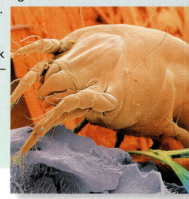

SEI AKTIV!
Riecht gut!

Wenn du Schokolade magst, dann hast du das deiner Nase zu verdanken, denn vieles von dem, was wir schmecken, ist in Wirklichkeit Geruch. Beide Sinnesorgane werden von denselben Molekülen gereizt, aber die Nase reagiert rund 20 000 mal so empfindlich wie die Zunge. Das kannst du selbst überprüfen.

❶ Halte dir die Nase zu, während du ein Stück Schokolade isst. Du schmeckst die Süße, aber nicht das Aroma. Dann tu das Gleiche mit einem Apfel und einer Möhre. Kannst du den Unterschied zwischen beiden feststellen?

❷ Um einen Geschmack zu verstärken, musst du nach dem Schlucken durch die Nase ausatmen. Das bewirkt, dass Geruchsmoleküle aus deinem Mund zum Riechzentrum in deiner Nase zurückwandern.

WIE WIR RIECHEN

Blumen, Hunde, Spinat, Menschen – alle senden unterschiedliche Duftmoleküle aus, die durch die Luft in deine Nase gelangen. An ihrem oberen Ende, unter dem Nasenrücken, treffen sie auf die Riechzellen. Der Geruch von Spinat stimuliert eine Gruppe von Riechzellen. Andere Gruppen reagieren auf die Gerüche von Hunden oder Menschen. An den Innenseiten aus den Riechzellen herausragende Fortsätze vereinigen sich zu einem Geflecht aus Riechfäden, die die Botschaften der stimulierten Zellen über die Riechnerven ans Gehirn weiterleiten. Das Gehirn kombiniert Tausende solcher Botschaften zu einem einzigen Geruch und vergleicht ihn mit Gerüchen, die es bereits gespeichert hat.

ÜBLE GERÜCHE

Dafür, was wir als angenehmen oder üblen Geruch empfinden, sind unsere Gene und unsere Erziehung ebenso verantwortlich wie unsere Erfahrungen. Ein Mann, der bei der Müllabfuhr beschäftigt ist, nimmt den Geruch des Abfalls, den andere Menschen als widerlich empfinden, vielleicht überhaupt nicht wahr.

RIECHZELLEN

Die Riechzellen sind in zwei etwa rosinengroßen Riechfeldern im oberen Teil der Nase konzentriert. Diese Zellen haben fadenförmige Fortsätze, die aus der Schleimhaut herausragen und Gerüche einfangen. Die Riechzellen können ungefähr 1000 verschiedene Gerüche registrieren.

Wörterbuch

- Der Riechnerv wird wissenschaftlich als **Olfactorius** bezeichnet, ein Wort, das sich vom lateinischen Verb *olfacere* für „riechen" abgeleitet.
- Das Wort **nasal** kommt *nasus*, dem lateinischen Wort für „Nase". Es bezeichnet alles, was mit der Nase in Zusammenhang steht. Wenn msn von jemandem sagt, dass er eine nasale Stimme hat, dann bedeutet das, dass er durch die Nase spricht.

Schon gewusst?

- Du hast einen sechsten Sinn – den chemischen Sinn. Nervenzellen in Augen, Nase und Mund registrieren die Schärfe von stark gepfeffertem Essen und das „Beißen" von Zwiebeln.
- Gerüche können Ärzte bei der Diagnose helfen. Typhus riecht wie Brot und Wundbrand wie faule Äpfel.
- Eine Mutter kann ihr Baby am Geruch erkennen. Auch der Säugling findet ihre Brustwarze mit Hilfe seines Geruchssinns.

Wegweiser

- Geruchsbotschaften passieren die für das Gedächtnis zuständigen Bereiche des Gehirns. Mehr über das Gedächtnis steht auf Seite 18-19.
- Deine Nase produziert täglich ungefähr einen Liter Schleim, der von winzigen Härchen in den Rachen befördert wird. Was dort passiert, erfährst du auf Seite 26-27.

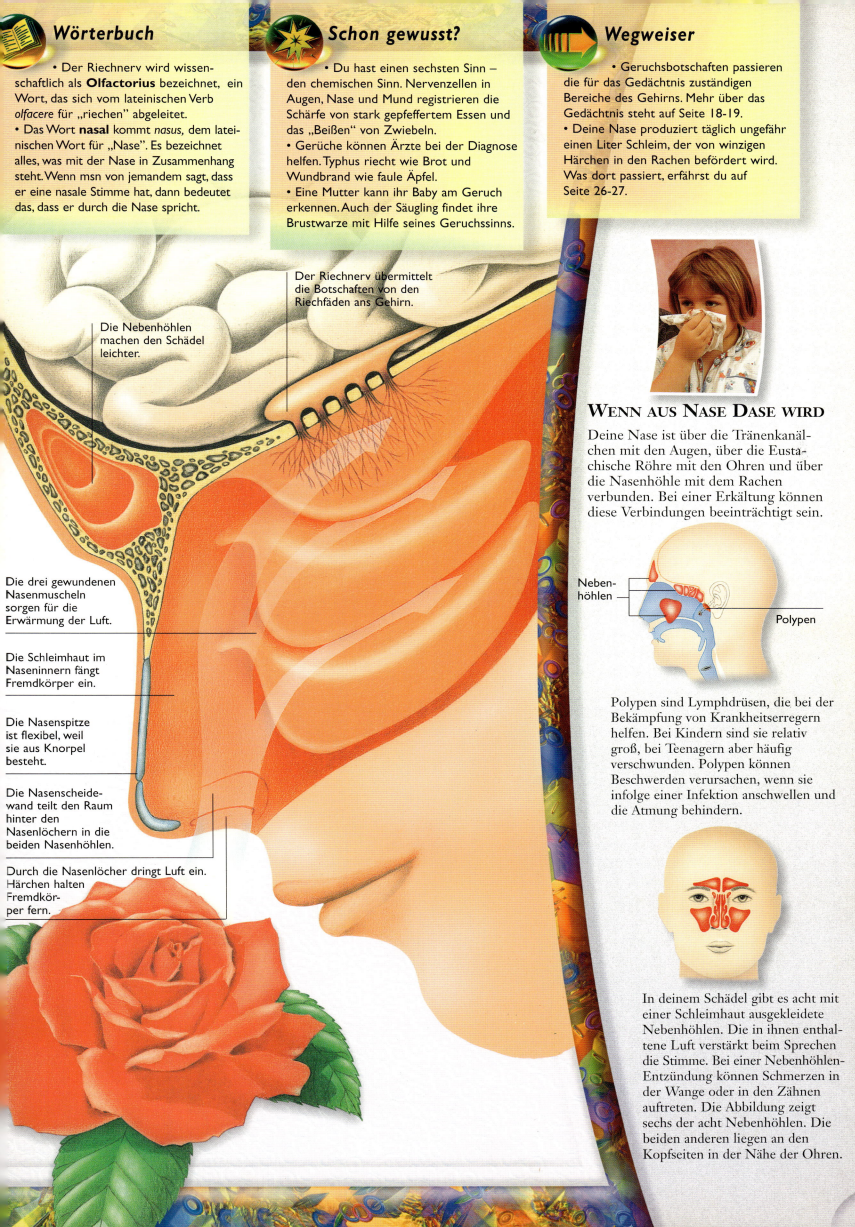

Der Riechnerv übermittelt die Botschaften von den Riechfäden ans Gehirn.

Die Nebenhöhlen machen den Schädel leichter.

Die drei gewundenen Nasenmuscheln sorgen für die Erwärmung der Luft.

Die Schleimhaut im Naseninnern fängt Fremdkörper ein.

Die Nasenspitze ist flexibel, weil sie aus Knorpel besteht.

Die Nasenscheidewand teilt den Raum hinter den Nasenlöchern in die beiden Nasenhöhlen.

Durch die Nasenlöcher dringt Luft ein. Härchen halten Fremdkörper fern.

WENN AUS NASE DASE WIRD

Deine Nase ist über die Tränenkanälchen mit den Augen, über die Eustachische Röhre mit den Ohren und über die Nasenhöhle mit dem Rachen verbunden. Bei einer Erkältung können diese Verbindungen beeinträchtigt sein.

Nebenhöhlen — Polypen

Polypen sind Lymphdrüsen, die bei der Bekämpfung von Krankheitserregern helfen. Bei Kindern sind sie relativ groß, bei Teenagern aber häufig verschwunden. Polypen können Beschwerden verursachen, wenn sie infolge einer Infektion anschwellen und die Atmung behindern.

In deinem Schädel gibt es acht mit einer Schleimhaut ausgekleidete Nebenhöhlen. Die in ihnen enthaltene Luft verstärkt beim Sprechen die Stimme. Bei einer Nebenhöhlen-Entzündung können Schmerzen in der Wange oder in den Zähnen auftreten. Die Abbildung zeigt sechs der acht Nebenhöhlen. Die beiden anderen liegen an den Kopfseiten in der Nähe der Ohren.

Dies sind die wichtigsten Rachenorgane. Mandeln und Polypen können entfernt werden, wenn sie entzündet sind.

Mandeln   Polypen   Zäpfchen

Mund auf!

DU HAST HAARE auf der Zunge. Das ist keine Beleidigung, sondern eine Tatsache. Deine Zunge ist mit Millionen „Geschmackshärchen" überzogen. Aber das sind keine richtigen Haare, sondern die Spitzen von Rezeptoren. Sie sind in Gruppen angeordnet, die Geschmacksknospen genannt werden. Diese Knospen sind so klein, dass man sie nicht erkennen kann, aber wenn du die Zunge herausstreckst, siehst du kleine Erhöhungen, die so genannten Papillen. Sie enthalten neben den Geschmacksknospen auch die Nervenbündel, die „heiß" schreien, wenn du in eine Pizza beißt.

Strecke deine Zunge heraus und sieh dich im Mund um. Das im Hintergrund herabhängende Gewebe ist das Zäpfchen. Seine Aufgabe ist es, beim Schlucken den Weg zur Nase zu versperren. Die dunkle Röhre hinter dem Zäpfchen ist der Rachen. Über ihn gelangen Luft und Nahrung in den Körper. Wenn du die Zunge anhebst, siehst du das Bändchen, das die Unterseite der Zunge mit dem Mundboden verbindet.

Deine Zähne und dein Gaumen sind dir vertrauter. Die Zähne zerkleinern und zermahlen Nahrung, die dann mit Speichel zu einem Nahrungsbällchen vermischt wird, das du hinunterschluckst. Zunge, Lippen und Wangenmuskeln befördern den Bissen durch den Gaumen und dann in den Rachen. Mund und Rachen ermöglichen es dir, zu atmen, zu sprechen, zu essen und das zu genießen, was du isst.

INSIDESTORY
Wie wir sprechen

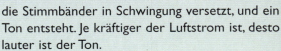

Wenn du sprichst, bewegen sich nicht nur deine Lippen, sondern auch deine Stimmbänder. Sie bestehen aus elastischem Gewebe und bilden an der Kehlkopföffnung ein V. Luft aus den Lungen fließt durch diese Öffnung. Beim Atmen ist das V weit offen, beim Sprechen verengt es sich. Durch die Luft werden die Stimmbänder in Schwingung versetzt, und ein Ton entsteht. Je kräftiger der Luftstrom ist, desto lauter ist der Ton.

Die Stimmbänder erzeugen zwar Töne, aber Sprache entsteht im Mund. Dort formen Zähne, Zunge und Lippen die Töne in Konsonanten und Vokale um. Mit Luft gefüllte Höhlen im Schädel verleihen der Stimme ihren eigenen Klang.

Du kannst deinen Kehlkopf am oberen Ende des Halses fühlen. Er besteht aus fünf Knorpeln. Der größte von ihnen ist der Schilddrüsenknorpel oder Adamsapfel. Die Stimmbänder sind mit dem Adamsapfel und den kleineren Knorpeln dahinter verbunden.

SEI AKTIV!
Schluck!

In deinem Körper gibt es eine lebensrettende Falltür, den Kehldeckel. Er besteht aus Knorpel und befindet sich am oberen Ende der Luftröhre. Wenn du schluckst, schließt sich der Kehldeckel und verhindert, dass Nahrung in die Luftröhre gelangt. Leg deine Finger auf deinen Hals. Die Unebenheiten, die du fühlst, sind deine Luftröhre. Nun schlucke. Der Speichel gelangt in die Speiseröhre, die hinter der Luftröhre liegt und von Muskelgewebe umgeben ist. Beim Schlucken sorgen die Muskeln dafür, dass Nahrung oder Speichel abwärts befördert werden.

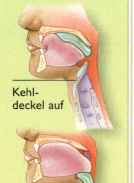

Kehldeckel auf

Kehldeckel zu

SPITZ DIE LIPPEN
Die Lippen brauchst du, um zu essen, um deinen Mund zu schließen, während du kaust, und auch, um beim Sprechen Laute zu formen. Außerdem sind sie das empfindlichste Thermometer deines Körpers. Sie spüren, ob die Nahrung, die du zu dir nehmen willst, zu heiß oder zu kalt ist. Spitz die Lippen, wenn du pfeifen oder jemanden küssen willst.

DIE KRÄFTIGE ZUNGE
Die Zunge ist ein kraftvoller, sehr beweglicher Muskel. Ohne sie könntest du weder sprechen noch die Nahrung in deinem Mund bewegen. Außerdem schützt sie deinen Rachen vor Gegenständen, an denen du ersticken könntest.

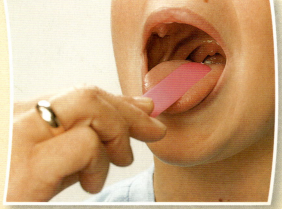

SAG "AAA"
Ein Blick in deinen Rachen verrät viel über deine Gesundheit, aber vorher muss der Arzt dafür sorgen, dass deine Zunge nicht im Wege ist. Erst dann kann er feststellen, ob dein Rachen oder deine Mandeln entzündet sind. Mit einem Laryngoskop kann er auch den Kehlkopf untersuchen. Mandelentzündungen treten besonders häufig bei Kindern auf.

Wörterbuch

- **Larynx** ist der wissenschaftliche Ausdruck für Kehlkopf; darum heißt der Kehlkopfspiegel, mit dem der Arzt den Rachenbereich untersucht, **Laryngoskop**. Es besteht aus einem Zungenspatel, einem abgewinkelten Spiegel und einer Lichtquelle.
- Unter **Diagnose** versteht man die Erkennung von Krankheiten durch gezielte Untersuchungen des Patienten und das Feststellen der Symptome.

Schon gewusst?

- Wenn du flüsterst, treten deine Stimmbänder nicht in Aktion. Dein Mund formt das Zischen der ausgeatmeten Luft in Sprache um.
- Geschmackszellen gehören zu den wenigen Typen von Nervenzellen, die nachwachsen. Trotzdem nimmt ihre Zahl im Alter ab. Vielleicht ist das der Grund dafür, weshalb manche älteren Leute stark gewürzte Nahrung bevorzugen.

Wegweiser

- Die Stimme eines Jungen wird in der Pubertät tiefer. Was ist der Grund dafür? Lies nach auf Seite 30-31.
- Was deine Nerven mit deinen Geschmacksknospen zu tun haben, steht auf Seite 14-15.
- Um ihr Aroma entfalten zu können, muss die Nahrung angefeuchtet werden. Wie der Speichel dies und noch mehr tut, steht auf Seite 48-49.

BELEBTE KREUZUNG

Im Mund ist die Luftröhre hinter der Nase mit der Speiseröhre verbunden, aber auf Kinnhöhe trennen sich die beiden Röhren voneinander. Dabei überkreuzen sie sich. Deshalb ist es kein Wunder, dass du dich manchmal verschluckst. In deinem Rachen herrscht lebhafter Betrieb. Luft strömt auf- und abwärts, Speichel, Schleim und Nahrung werden nach unten (und mit Glück nicht nach oben) befördert. Der Rachen tritt immer in Aktion, wenn du atmest, hustest, lachst, sprichst, schreist oder flüsterst.

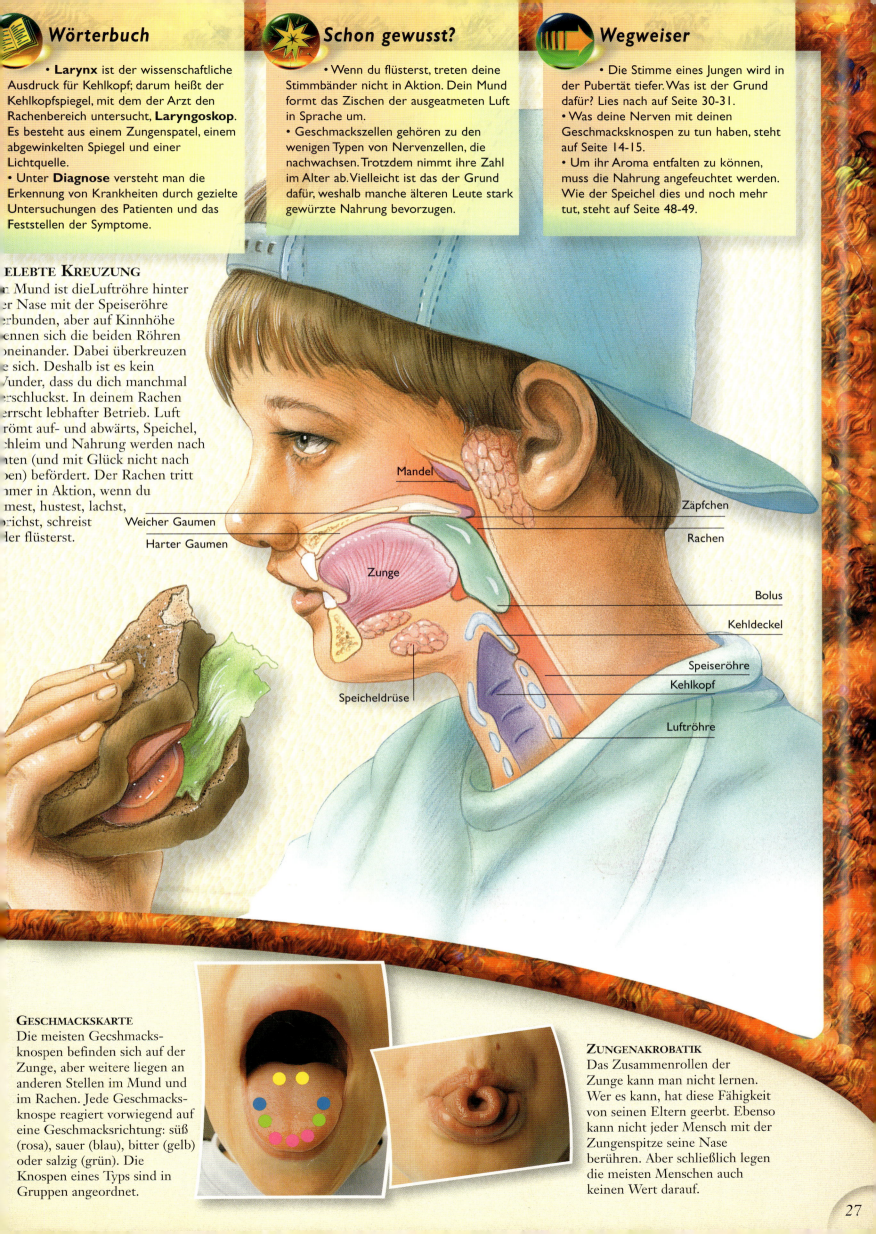

Mandel · Zäpfchen · Weicher Gaumen · Rachen · Harter Gaumen · Zunge · Bolus · Kehldeckel · Speiseröhre · Speicheldrüse · Kehlkopf · Luftröhre

GESCHMACKSKARTE

Die meisten Geschmacksknospen befinden sich auf der Zunge, aber weitere liegen an anderen Stellen im Mund und im Rachen. Jede Geschmacksknospe reagiert vorwiegend auf eine Geschmacksrichtung: süß (rosa), sauer (blau), bitter (gelb) oder salzig (grün). Die Knospen eines Typs sind in Gruppen angeordnet.

ZUNGENAKROBATIK

Das Zusammenrollen der Zunge kann man nicht lernen. Wer es kann, hat diese Fähigkeit von seinen Eltern geerbt. Ebenso kann nicht jeder Mensch mit der Zungenspitze seine Nase berühren. Aber schließlich legen die meisten Menschen auch keinen Wert darauf.

27

Chemische Botenstoffe

DEM NÄCHSTEN, der sagt „Bist du aber gewachsen!", kannst du beeindrucken, indem du sagst „Ja, das liegt an meinen Hormonen". Hormone sind chemische Botenstoffe. Zusammen mit dem Nervensystem halten sie deinen Körper im Gleichgewicht. Sie helfen bei der Verdauung und regulieren die Körpertemperatur. Sie halten den Blutdruck konstant. Auch für Wachstum und Fortpflanzung sind Hormone verantwortlich. Die Stimme eines Jungen wird tiefer, bei einem Mädchen entwickeln sich die Brüste. Die Eierstöcke einer Frau geben ein Ei frei. Auch bei jedem Zentimeter, den du wächst, sind Hormone am Werk.

Einige Hormone werden in so genannten endokrinen Drüsen gebildet, andere in Körpergewebe wie dem Magen oder dem Herzen. Die meisten werden mit dem Blut in andere Körperteile befördert. Sobald sie ihr Ziel erreicht haben, lösen sie Veränderungen aus, die du zum Beispiel als Hunger, Durst oder Müdigkeit empfindest. Wenn du dann isst, trinkst oder schläfst, stellst du das Gleichgewicht in deinem Körper wieder her.

Viele Hormone werden vom Hypothalamus, einem Teil des Gehirns, kontrolliert. Wenn er feststellt, dass von einem zu viel vorhanden ist, informiert er die Hypophyse (Hirnanhangdrüse), die dann die hormonproduzierenden Organe anweist, langsamer zu arbeiten. Auch wenn von einem Hormon zu wenig vorhanden ist, erteilt das Gehirn der Hypophyse die entsprechenden Befehle.

Hauptkontrolleur: der **Hypothalamus**.

Die **Hypophyse** steuert andere Drüsen und reguliert das Wachstum.

Die **Schilddrüse** beeinflusst Wachstum und Energie.

Die **Thymusdrüse** bildet Hormone, die die Abwehrmechanismen des Körpers beeinflussen.

Die **Nebennieren** bilden Adrenalin und steuern den Wasser- und Salzhaushalt.

In der **Bauchspeicheldrüse** entsteht Insulin, das den Blutzuckerspiegel reguliert.

In den **Hoden** der Männer und den **Eierstöcken** der Frauen liegen die Keim- oder Geschlechtsdrüsen.

DIE HAUPTAKTEURE
Diese Drüsen steuern viele der Vorgänge, die für den reibungslosen Ablauf deines Lebens erforderlich sind.

INSIDESTORY
Lebensrettende Hormone

Dieses Mädchen rettet sich selbst das Leben. Es leidet unter jugendlichem Diabetes und gibt sich eine Insulinspritze. Ohne diese tägliche Behandlung würde es sterben. Insulin wird in der Bauchspeicheldrüse gebildet und hilft, den Blutzucker in Energie umzuwandeln. Bei Menschen, die unter Diabetes leiden, ist zu wenig Insulin vorhanden. Deshalb brauchen sie täglich eine Insulinspritze. Die Krankheit liegt oft in der Familie und bricht in der Kindheit oder Jugend aus. Beim Altersdiabetes, der gewöhnlich zwischen dem 40. und dem 60. Lebensjahr auftritt, wird Insulin gebildet, aber es kann vom Körper nicht richtig verwertet werden.

EIN FREUNDSCHAFTSHORMON?
Kann ein Hormon bewirken, dass du gern mit anderen Menschen zusammen bist? Das ist durchaus möglich. Es gibt nicht nur ein Hormon, das den Körper in Kampfbereitschaft versetzt, sondern auch eines, das ihm hilft, sich zu entspannen. Dieses Hormon heißt Oxytozin. Es hilft einer Mutter beim Gebären und sorgt dafür, dass sie sich danach entspannt und ihr Kind stillen kann. Oxytozin ist aber nicht nur bei gebärenden Frauen vorhanden, sondern bei allen Menschen. Einige Wissenschaftler halten es für das Hormon, das bewirkt, dass man sich zu anderen Menschen hingezogen fühlt.

TÄGLICHE BOTSCHAFTEN
Hast du Hunger? Bist du müde? Hast du eine Wunde, die heilt, oder einen Insektenstich, der anschwillt? Bei jeder dieser Alltagserfahrungen spielen Hormone eine wichtige Rolle.

HUNGER
Mindestens drei Hormone zügeln den Appetit. Eines von ihnen, das Urokortin, kann in Stress-Situationen den Hunger ausschalten.

GERINNUNG
In einem Typ von Blutzellen, den Blutplättchen, wird ein Stoff gebildet, der bei der Blutgerinnung hilft. Er heißt Thrombin und sorgt dafür, dass die Blutplättchen miteinander verkleben.

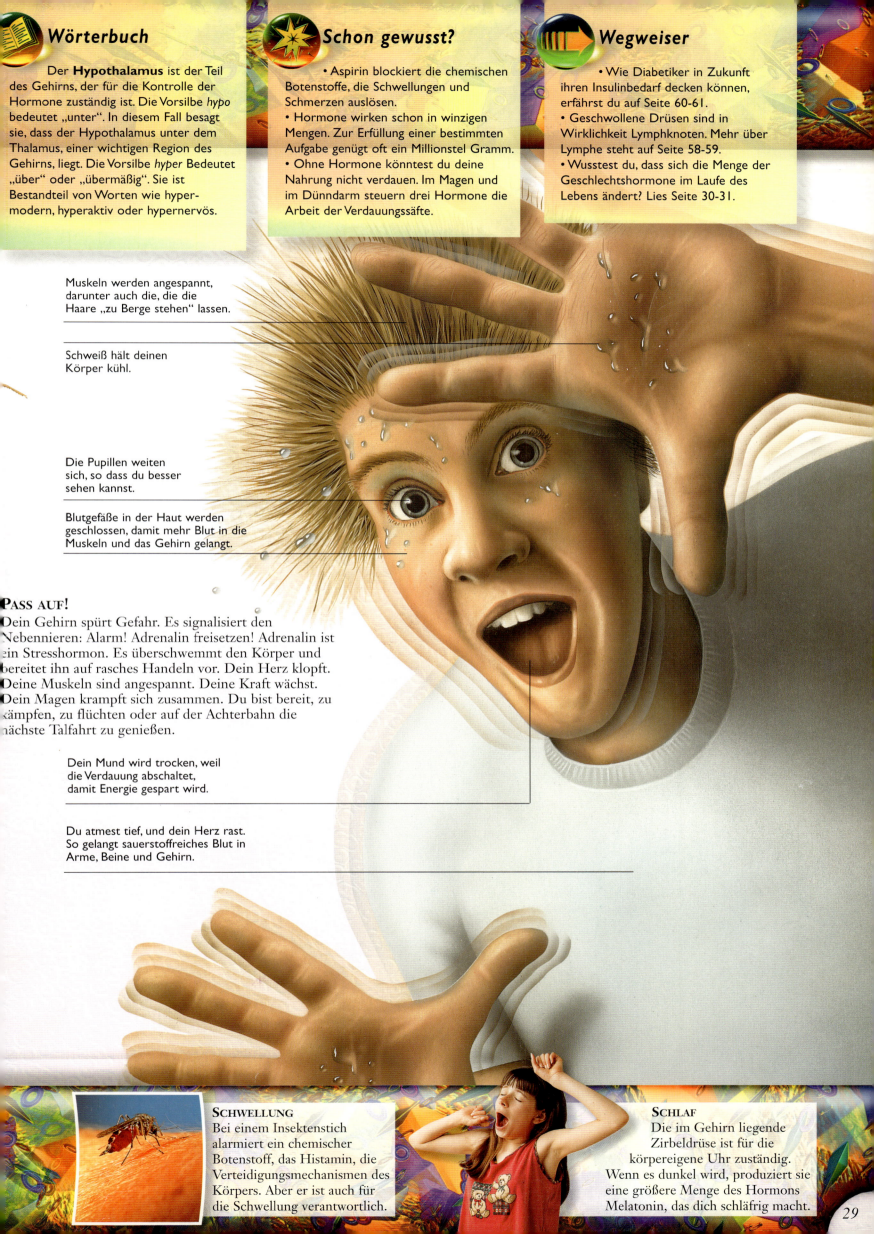

Wörterbuch

Der **Hypothalamus** ist der Teil des Gehirns, der für die Kontrolle der Hormone zuständig ist. Die Vorsilbe *hypo* bedeutet „unter". In diesem Fall besagt sie, dass der Hypothalamus unter dem Thalamus, einer wichtigen Region des Gehirns, liegt. Die Vorsilbe *hyper* Bedeutet „über" oder „übermäßig". Sie ist Bestandteil von Worten wie hypermodern, hyperaktiv oder hypernervös.

Schon gewusst?

• Aspirin blockiert die chemischen Botenstoffe, die Schwellungen und Schmerzen auslösen.
• Hormone wirken schon in winzigen Mengen. Zur Erfüllung einer bestimmten Aufgabe genügt oft ein Millionstel Gramm.
• Ohne Hormone könntest du deine Nahrung nicht verdauen. Im Magen und im Dünndarm steuern drei Hormone die Arbeit der Verdauungssäfte.

Wegweiser

• Wie Diabetiker in Zukunft ihren Insulinbedarf decken können, erfährst du auf Seite 60-61.
• Geschwollene Drüsen sind in Wirklichkeit Lymphknoten. Mehr über Lymphe steht auf Seite 58-59.
• Wusstest du, dass sich die Menge der Geschlechtshormone im Laufe des Lebens ändert? Lies Seite 30-31.

Muskeln werden angespannt, darunter auch die, die die Haare „zu Berge stehen" lassen.

Schweiß hält deinen Körper kühl.

Die Pupillen weiten sich, so dass du besser sehen kannst.

Blutgefäße in der Haut werden geschlossen, damit mehr Blut in die Muskeln und das Gehirn gelangt.

Pass auf!

Dein Gehirn spürt Gefahr. Es signalisiert den Nebennieren: Alarm! Adrenalin freisetzen! Adrenalin ist ein Stresshormon. Es überschwemmt den Körper und bereitet ihn auf rasches Handeln vor. Dein Herz klopft. Deine Muskeln sind angespannt. Deine Kraft wächst. Dein Magen krampft sich zusammen. Du bist bereit, zu kämpfen, zu flüchten oder auf der Achterbahn die nächste Talfahrt zu genießen.

Dein Mund wird trocken, weil die Verdauung abschaltet, damit Energie gespart wird.

Du atmest tief, und dein Herz rast. So gelangt sauerstoffreiches Blut in Arme, Beine und Gehirn.

Schwellung
Bei einem Insektenstich alarmiert ein chemischer Botenstoff, das Histamin, die Verteidigungsmechanismen des Körpers. Aber er ist auch für die Schwellung verantwortlich.

Schlaf
Die im Gehirn liegende Zirbeldrüse ist für die körpereigene Uhr zuständig. Wenn es dunkel wird, produziert sie eine größere Menge des Hormons Melatonin, das dich schläfrig macht.

Der Lebenszyklus

HAST DU SCHON einmal ein Foto von deiner Mutter oder deinem Vater gesehen, auf dem sie so alt waren, wie du jetzt bist? Man kann sich nur schwer vorstellen, dass auch sie einmal so jung waren. Und noch schwerer ist die Vorstellung, dass du eines Tages so alt sein wirst, wie sie jetzt sind. Aber das wird passieren, denn alle Menschen müssen verschiedene Lebensstadien durchlaufen.

Überleg einmal, wie weit du schon gekommen bist. Als du geboren wurdest, war dein Fuß nicht länger als der Daumen deiner Mutter und deine Faust nicht größer als die Nase deines Vaters. Ungefähr ein Jahr später konntest du laufen. Du konntest zu deinen Spielsachen krabbeln, mit einem Stift kritzeln, aber du konntest weder zeichnen, sprechen noch einen Ball fangen. Dazu warst du erst in einem späteren Stadium deiner Kindheit fähig.

Obwohl du winzig warst, befanden sich die Anweisungen für dein Wachstum bereits in dir. Sie waren in deinen Genen gespeichert. Die Gene steuern das Wachstum der Zellen und die Ausschüttung von Hormonen. Von der Empfängnis bis zum Tod durchläuft jeder Mensch eine Reihe von Stadien. Diese Stadien sind bei allen Menschen gleich, aber nicht jeder erlebt sie mit der gleichen Kraft und Gesundheit. Wie du wächst und alterst, hängt zum Teil von deinen Entscheidungen und Erfahrungen ab. Was passiert, wenn das Leben endet? Das weiß niemand.

LEBENSLAUF

Der Lebenszyklus bewirkt, dass sich unser Körper verändert. In jungen Jahren erkennen wir diese Veränderungen daran, dass unsere Jeans und T-Shirts zu klein werden. Bei jungen Erwachsenen sind die Veränderungen weniger auffällig, aber im Laufe der Zeit lässt die Leistungsfähigkeit unserer Zellen nach. Es werden weniger Hormone und weniger Chemikalien im Gehirn produziert. Wir altern. Wir sterben. Der Tod ist eine traurige Sache, aber er ist unerlässlich. Wenn wir ewig leben würden, wäre die Erde rasch übervölkert.

SEI AKTIV!
Meine Familie und ich

Du kannst den Lebenszyklus in deiner eigenen Familie verfolgen, indem du Fotos chronologisch ordnest. Gibt es Fotos von deinen Verwandten als Babies? Beim Abitur oder bei der Hochzeit? Schau dir an, wie sich jeder von ihnen verändert hat. Dann unterhalte dich mit ihnen darüber, wie sie diese Veränderungen erlebt haben und was sie tun, um gesund zu bleiben. Deine Familie kann dir helfen, die Stadien zu verstehen, die noch vor dir liegen.

Wörterbuch

Die **Lebensspanne**, der Zeitraum zwischen Geburt und Tod, beträgt nach Ansicht von Wissenschaftlern höchstens 120 Jahre. Der älteste Mensch, von dem wir wissen, starb mit 122 Jahren. Aber die durchschnittliche Lebenserwartung ist wesentlich niedriger. In Europa beträgt sie heute etwa 76 Jahre.

Schon gewusst?

- Mit zunehmendem Alter brauchen wir weniger Schlaf. Ein Baby schläft täglich rund 20 Stunden, aber ein Achtzigjähriger kommt vielleicht mit 5 Stunden Schlaf aus.
- Im ersten Lebensjahr wachsen Menschen stärker als in jedem anderen ihres Lebens.

Wegweiser

- Als Baby kannst du deine Blase nicht kontrollieren. Warum das so ist, steht auf Seite 50-51.
- Auf Seite 34-35 erfährst du, weshalb deine Haut beim Älterwerden faltig wird.
- Wird es der Wissenschaft gelingen, das Leben der Menschen zu verlängern? Die Antwort steht auf Seite 60-61.

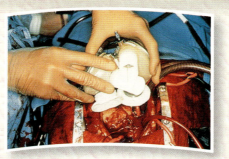

LEBENSRETTER
Die Wissenschaft kann an beiden Enden des Lebenszyklus helfen. Ärzte können eine Eizelle im Reagenzglas befruchten und damit Leben schaffen, das sonst nicht entstanden wäre. Sie können auch geschädigte Körperteile durch neue wie diese künstliche Herzklappe ersetzen.

DAS WACHSTUMSSCHEMA

Es führt kein Weg daran vorbei: Du wirst erwachsen werden. Wie und wann passiert das? Lies weiter.

DIE REIFEZEIT

Geschlechtshormone bewirken, dass aus Mädchen Frauen und aus Jungen Männer werden. Bei Mädchen setzt im Alter von 10 oder 11 Jahren und bei Jungen im Alter von 12 oder 13 Jahren die Produktion dieser Hormone ein. Die Mädchen bekommen Brüste und breitere Hüften und haben ihre erste Monatsblutung (Menstruation). Bei den Jungen wird die Stimme tiefer, und sie müssen anfangen, sich zu rasieren. Dieses Entwicklungsstadium wird Pubertät genannt. Wenn es abgeschlossen ist, können Männer und Frauen Kinder zeugen und gebären.

AUFWACHSEN
Wachstumshormone sorgen dafür, dass du deine volle Größe erreichst. Sie kräftigen deine Muskeln und deine Knochen. Der Körper produziert zeitlebens Wachstumshormone, aber ihre Menge nimmt mit fortschreitendem Alter ab.

UNTERSCHIEDE
Eineiige Zwillingen wie diese Jungen haben identische Gene, die ihr Wachstum in vielerlei Hinsicht beeinflussen. Sie entscheiden darüber, wie groß die Jungen werden, wann sie die Pubertät 'erreichen und sogar, wie lange sie leben. Manche Krankheiten wie zum Beispiel Herzerkrankungen liegen in der Familie, ebenso hohes Alter. Aber die Gene sind nicht für alles verantwortlich. Vernünftige Lebensgewohnheiten helfen den Menschen, Krankheiten zu vermeiden und länger zu leben. Einer dieser Zwillinge könnte seinen Bruder überleben, wenn er besser auf seine körperliche und geistige Gesundheit achtet.

Das Gerüst

WAS HAT MEHR als 206 Knochen, mehr als 650 Muskeln und genug Haut, um damit einen kleinen Esszimmertisch zu bedecken? Dein Körper natürlich. Haut, Muskeln und Knochen verleihen ihm Stabilität und bestimmen sein Aussehen. Aber das ist noch nicht alles. Die Haut schützt dich. Die Muskeln bewegen dich. Die Knochen umgeben die empfindlichen inneren Organe. Wie funktionieren diese Bestandteile deines Körpers?

Seite **34** Weshalb hat unsere Haut so viele Falten und Runzeln?

Lies nach bei HAUTNAH.

Seite **36** Um wieviel wächst dein Haar jährlich?

Weshalb ist es glatt oder locki[g]

Wie schnell wachsen deine Fingernägel? Schneller als die Zehennägel?

Lies nach bei HAARE UND NÄ[GEL]

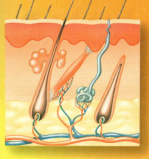

Seite **38** Weshalb schwellen Muskeln? Was ist das Besondere an dem Muskel rechts?

Lies nach bei MÄCHTIGE MUSKELN.

Seite **40** Deine Knochen fühlen sich hart an, sind es aber nicht. Wie sehen sie innen aus?

Sobald ein Knochen gebrochen ist, beginnt er zu heilen. Wie?

Lies nach bei KNOCHENARBEIT.

Seite **42** Was hält unser Skelett zusammen?

Finde heraus, weshalb sich dein Ellenbogen auf und ab bewegen kann und dein Daumen im Kreis.

Lies nach bei DAS SKELETT.

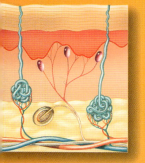

Seite **44** Weshalb faulen Zähne, wenn man sie nicht putzt?

Babies werden mit Zähnen geboren, aber man kann sie nicht sehen. Wo haben sie sich versteckt?

Lies nach bei ZÄHNE ZEIGEN.

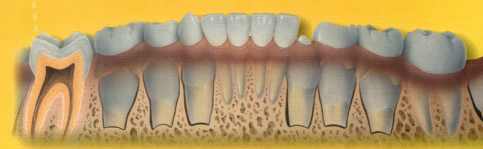

33

Falten und Runzeln   *Fingerkuppe*   *Knöchel*

Hautnah

SCHAU DIR DEINE Hand an. In drei Wochen hat sich die Haut, die du siehst, in Staub verwandelt und ist durch neue ersetzt worden. Deine Haut erneuert sich ständig. Aber das muss sie auch, denn jedes Mal, wenn du dich wäschst, anziehst oder dich im Bett umdrehst, geht etwas von ihr verloren. Aber die Haut ist zäh und strapazierfähig.

Die Haut ist das größte Organ des Körpers. Ihre Hauptaufgabe besteht darin, Gutes drinnen und Schlechtes draußen zu halten. Sie lässt weder Wasser noch Krankheitserreger eindringen. Außerdem reguliert sie die Körpertemperatur und absorbiert das Sonnenlicht, das der Körper zum Produzieren von Vitamin D braucht, das für kräftige Knochen und Zähne wichtig ist. Und natürlich ist die Haut auch für das Tastgefühl zuständig.

Du fühlst, was du berührst, weil in der Haut zahlreiche Nervenenden (Rezeptoren) liegen. Sie sind das Alarmsystem deines Körpers. Sie registrieren Hitze und Kälte, Druck und Schmerz. Sie melden, dass das Badewasser zu heiß ist oder eine Biene zugestochen hat. Besonders viele Nervenenden finden sich in deinen Fingern, deinen Zehen und deinen Lippen – den Teilen deines Körpers, mit denen du die Sicherheit der Welt um dich herum testest.

SEI AKTIV!
Der Malkasten der Haut

Für die Farbe der Haut ist Melanin verantwortlich, ein Pigment, das in speziellen Hautzellen gebildet und anschließend von anderen Hautzellen absorbiert wird. Das Melanin lässt die Haut braun oder schwarz, gelb oder weiß erscheinen. Je mehr Melanin vorhanden ist, desto dunkler ist die Haut. Menschen in heißen Gegenden wie etwa Afrika brauchen mehr Melanin, weil es die schädlichen Sonnenstrahlen absorbiert. Du kannst selbst feststellen, wie das Melanin in deiner Haut am Werk ist. Trage ein paar Tage einen Verband. Wenn du ihn abnimmst, siehst du einen Unterschied in der Hautfarbe.

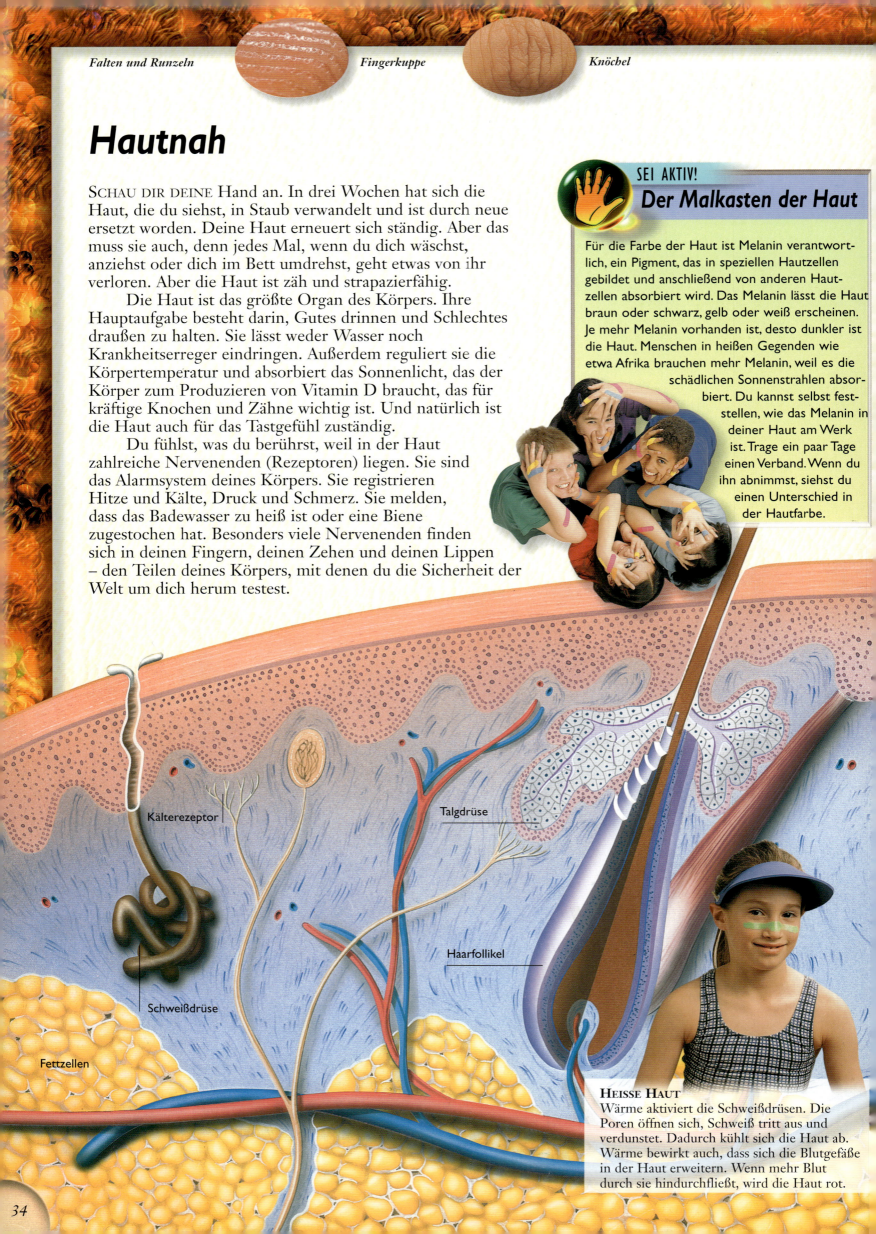

Kälterezeptor
Talgdrüse
Haarfollikel
Schweißdrüse
Fettzellen

HEISSE HAUT
Wärme aktiviert die Schweißdrüsen. Die Poren öffnen sich, Schweiß tritt aus und verdunstet. Dadurch kühlt sich die Haut ab. Wärme bewirkt auch, dass sich die Blutgefäße in der Haut erweitern. Wenn mehr Blut durch sie hindurchfließt, wird die Haut rot.

Wörterbuch

Bei manchen Menschen sind die Haut, die Augen oder die Haare farblos. Sie werden **Albinos** genannt, nach dem lateinischen Wort *albus* = weiß. Ihre Körper produzieren kein Melanin. Auch in Narbengewebe wird kein Melanin produziert, weil es nicht aus Hautzellen, sondern aus Kollagen besteht. Manchmal ballt sich das Melanin in der Haut zusammen. Die Folge sind Sommersprossen oder Leberflecke.

Schon gewusst?

- Im Laufe seines Lebens wirft ein Mensch fast 50 Kilogramm Haut ab.
- Die Menschen sind die einzigen Säugetiere, die vor Zorn oder Verlegenheit erröten können.
- Die Erhebungen und Vertiefungen sind bei jedem Menschen anders. Nicht einmal eineiige Zwillinge haben identische Fingerabdrücke.

Wegweiser

- Wenn wir älter werden, verlieren die Hautfasern ihre Elastizität. Deshalb bilden sich Falten. Auf Seite 30-31 steht mehr über das Altern.
- Ein Stoff namens Keratin macht Haut, Haare und Nägel widerstandsfähig. Auf Seite 36-37 erfährst du mehr darüber.
- Was haben Haut und Skelett gemeinsam? Die Antwort steht auf Seite 40-41.

PICKELGESICHT

Pickel sind der Beweis dafür, dass man auch zu viel des Guten haben kann. Drüsen in der Haut produzieren eine fettige Substanz, die Talg genannt wird und dabei hilft, die Haut feucht zu halten. Aber zu viel Talg kann die Poren verstopfen und Pickel verursachen.

INSIDESTORY

Hautheilung

Haut repariert sich selbst, aber manche Wunden sind so schlimm, dass die Haut nicht schnell genug neue Zellen bilden kann. Manchmal können die Ärzte die Verletzung mit Haut von einem anderen Körperteil des Patienten abdecken. Sie können auch künstliche, aus dem Knorpel von Haien gewonnene Haut benutzen, aber die kann vom Körper abgestoßen werden. Neuerdings können Wissenschaftler Haut im Labor heranwachsen lassen, die dann vom Körper des Patienten als seine eigene akzeptiert wird.

SCHICHTBAUWEISE

Die Haut besteht aus zwei Schichten, der dünnen Oberhaut und der wesentlich dickeren Unterhaut. In den tieferen Schichten der Oberhaut werden ständig neue Zellen gebildet, die sich dann ihren Weg an die Oberfläche bahnen. Dabei werden sie flach und zäh. Wenn sie die Oberfläche erreicht haben, sind sie tot. Die Unterhaut besteht überwiegend aus Kollagen, einer Eiweißverbindung, die der Haut ihre Elastizität verleiht. Diese Schicht enthält auch Haarschäfte, Schweiß- und Talgdrüsen sowie Rezeptoren und die Blutgefäße, die die gesamte Haut mit Nährstoffen versorgen.

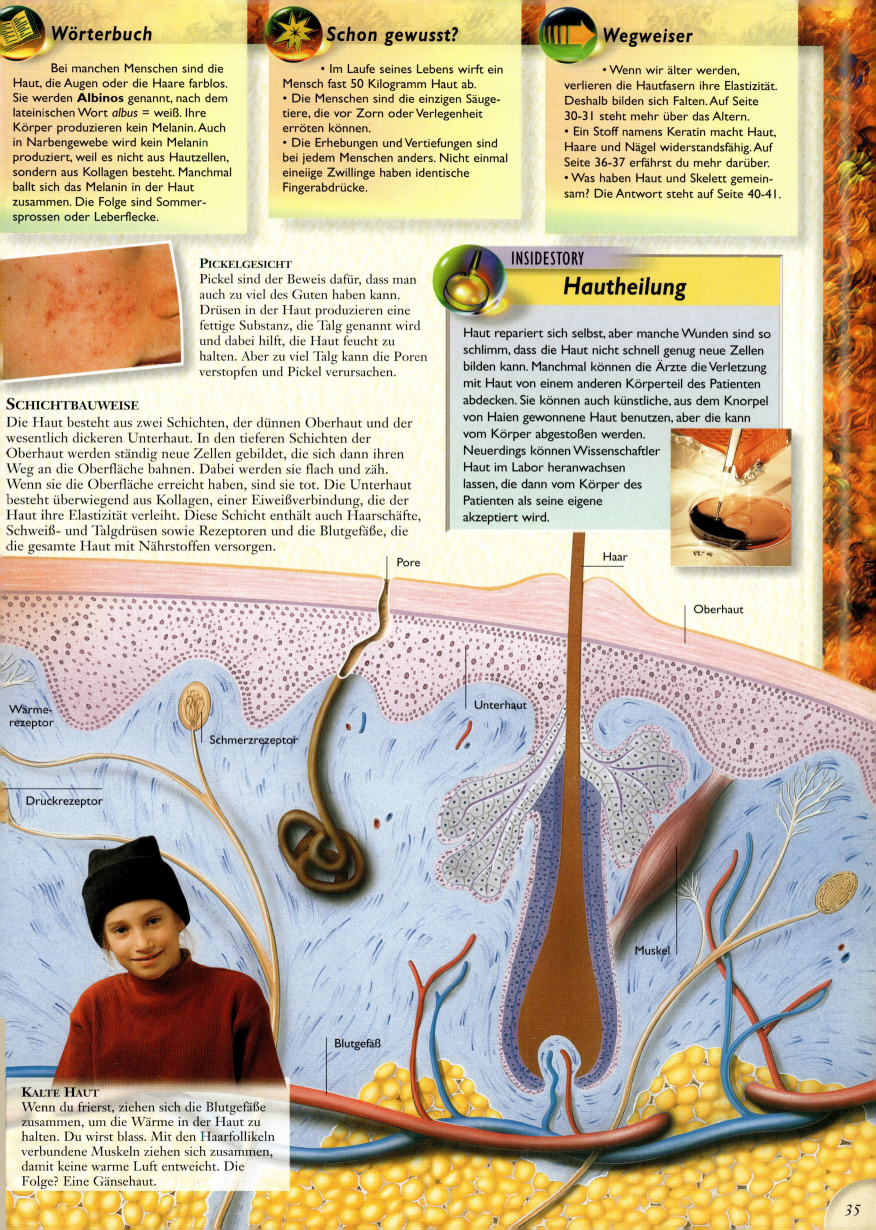

KALTE HAUT

Wenn du frierst, ziehen sich die Blutgefäße zusammen, um die Wärme in der Haut zu halten. Du wirst blass. Mit den Haarfollikeln verbundene Muskeln ziehen sich zusammen, damit keine warme Luft entweicht. Die Folge? Eine Gänsehaut.

35

 *Glattes Haar*  *Welliges Haar*  *Lockiges Haar*

Haare und Nägel

STREICHE MIT DEM FINGER sanft über deine Wange. Kannst du die weichen Härchen fühlen? Tu dasselbe mit deinem Bauch und dem Oberschenkel. Fühlst du sie auch dort? Fast die gesamte Haut ist mit Haaren bedeckt. Die wichtigsten Ausnahmen sind die Lippen, die Handflächen und die Fußsohlen.

Die dichte Mähne auf deinem Kopf ist ein natürlicher Sonnenschutz für die Kopfhaut. Außerdem absorbiert sie Schweiß, sorgt im Winter dafür, dass keine Wärme entweicht, und mildert Stöße ab. Die Haare in Nase und Ohren fangen Krankheitserreger ein. Die Wimpern blinzeln Staubkörnchen fort. Darüber hinaus sind alle Haare winzige Sinnesorgane. Wenn sich eines biegt, wird ein naher Nerv gereizt; das steigert das Tastgefühl.

Obwohl es nicht so aussieht, haben deine Haare und deine Nägel vieles gemeinsam. Beide enthalten Keratin, eine Eiweißverbindung, die auch in der Haut vorhanden ist. Und wie viele Haare haben die Nägel eine wichtige Schutzfunktion. Hast du dir schon einmal einen Finger oder einen Zeh gequetscht? Stell dir vor, was für ein Gefühl das wäre, wenn kein Nagel die empfindliche Haut geschützt hätte.

Für die Härte und Form deiner Nägel sind die Gene verantwortlich. Sie entscheiden auch darüber, ob du lockiges blondes oder glattes schwarzes Haar hast. Aber die Mode ist oft stärker als die Natur. Die Menschen haben schon sehr früh damit begonnen, Haare und Nägel zu verändern, um ihrer Persönlichkeit Ausdruck zu geben und Partner anzuziehen.

VON KOPF BIS FUSS

Haare wachsen rund 12 Zentimeter im Jahr. Aber alle zwei bis fünf Jahre legt jeder Follikel eine Pause ein und produziert ungefähr drei Monate lang keine neuen Haarzellen.

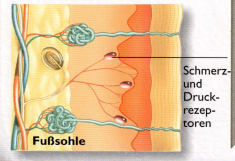

Haarfollikel | Talgdrüse
Kopfhaut

Schweißdrüsen
Achselhöhle

Schmerz- und Druck- rezeptoren
Fußsohle

WIE HAARE WACHSEN

Jeder Haarfollikel endet in einer kleinen Anschwellung, dem so genannten Bulbus. In ihm werden ständig neue Haarzellen gebildet. Auf ihrem Weg nach außen treiben die frischen Zellen ältere, tote Zellen an die Oberfläche. Mit den Follikeln verbundene Drüsen überziehen die Haare mit einer Fettschicht, die sie weich und geschmeidig macht. An manchen Stellen ist die Behaarung besonders dicht, weil dort mehr Follikel vorhanden sind. An anderen Stellen wie etwa den Fußsohlen fehlen sie vollständig.

SEI AKTIV!
Wie schnell wachsen deine Nägel?

Deine Nägel wachsen ununterbrochen. Im Gegensatz zu den Haaren legen sie nie eine Pause ein. Aber sie wachsen langsamer als Haare. Fingernägel wachsen ungefähr 4 Zentimeter im Jahr, Zehennägel nur halb so viel. Du kannst selbst feststellen, wie schnell deine Nägel wachsen.

❶ Miss einmal pro Woche die Länge deiner Nägel von der Basis bis zur Spitze. Bitte Vater oder Mutter, dasselbe zu tun.

❷ Zeichne die Ergebnisse in einem Wachstumsdiagramm auf.

Wie groß ist der Unterschied im Wachstum von Finger- und Zehennägeln? Wachsen die Nägel an einer Hand schneller als die an der anderen? Wessen Nägel wachsen am schnellsten?

Wörterbuch

Ein **Follikel** ist eine Art Säckchen, das tief in die Haut hineinragt. Das Wort kommt vom lateinischen *folliculus*, das „kleiner Schlauch" bedeutet. Die Follikel entscheiden darüber, ob dein Haar grob oder fein, lockig oder glatt ist. Je kleiner die Follikel sind, desto feiner sind die Haare. Wenn sich die Zellen am unteren Ende des Follikel gleichmäßig bilden, sind die Haare glatt. Bei ungleichmäßiger Zellenbildung sind die Haare lockig.

Schon gewusst?

- Du verlierst täglich 50-100 Haare.
- Vom fünften Schwangerschaftsmonat an ist der Fetus mit dichtem, feinem Haar bedeckt. Manche Babies kommen mit diesem so genannten Lanugohaar zur Welt.
- Die Nägel wachsen bei jungen Erwachsenen am schnellsten und in der Kindheit und im Alter am langsamsten.
- In den Follikeln der Augenwimpern können winzige Milben leben. Sie ernähren sich von den Fetten in der Haut.

Wegweiser

- Härchen in deinem Gehörgang fangen Staub und Krankheitserreger ein. Was hindert Fremdkörper außerdem am Eindringen? Lies nach auf Seite 22-23.
- Bestimmte Haarfollikel sind von Geburt an vorhanden, werden aber erst in der Pubertät aktiv. Mehr über die Pubertät steht auf Seite 30-31.
- Eine Gänsehaut entsteht, wenn sich die winzigen Muskeln zusammenziehen, die jedes Haar umgeben. Weiteres über Muskeln erfährst du auf Seite 38-39.

VERRÄTERISCHE NÄGEL

Nägel wachsen aus einem Bereich an ihrem unteren Ende heraus, der Nagelbett genannt wird. Die Nagelhaut bedeckt und schützt das Nagelbett. Schon geringfügige Veränderungen in Farbe und Form der Nägel können auf Probleme hindeuten. So können Lebererkrankungen die Haut unter den Nägeln gelb färben und Herzkrankheiten blau.

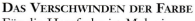

Im Nagelbett werden neue Zellen gebildet.

Die Nagelplatte ist der sichtbare Nagel.

Die Nagelhaut bedeckt und schützt das Nagelbett.

Die Nagelplatte deckt das Nagelbett ab.

Der weiße Halbkreis wird Nagelmond genannt.

NAGELSCHÄDEN

Herz- oder Lungenkrankheiten können bewirken, dass die Finger anschwellen und die Nägel sich ausbeulen.

Häufiger Kontakt mit Chemikalien wie Wasch- und Haarfärbemitteln kann ein Einrollen der Nägel zur Folge haben.

Ein Schlag auf den Nagel kann harmlose weiße Flecken in der Nagelplatte hervorrufen. Für weiße Flecken *unter* ihr kann ein Pilz verantwortlich sein.

Krankheiten können das Nagelwachstum beeinträchtigen. Die Rillen wachsen mit dem Nagel heraus.

DAS VERSCHWINDEN DER FARBE

Für die Haarfarbe ist Melanin verantwortlich, der Stoff, der auch unserer Haut ihre Farbe gibt. Wenn Menschen älter werden, hören ihre Follikel auf, Melanin zu produzieren, und die Haare werden weiß oder grau.

HAARVERLUST

Für das Kahlwerden sind neben den Genen auch die männlichen Geschlechtshormone verantwortlich. Deshalb werden Männer öfter kahl als Frauen. Bei Frauen ist der Haarverlust weniger auffällig. Ihr Haar wird gewöhnlich gleichmäßig dünner, und sie haben nur selten Kahlstellen.

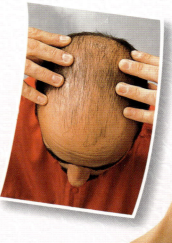

37

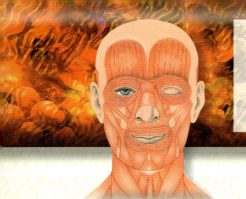

GESICHTSAUSDRUCK
Lächle! Dazu brauchst du ungefähr 30 Muskeln. Sie bewegen Augenlider, Lippen, Nasenlöcher und Stirn. Gemeinsam zeigen sie auch die kleinste Gefühlsveränderung an.

Missfallen   *Überraschung*   *Lächeln*

Mächtige Muskeln

Hat dir schon einmal jemand befohlen, keinen Muskeln zu bewegen? Das wäre unmöglich. Du kannst beschließen, nicht mit dem Fuß zu wippen oder die Finger zu krümmen. Aber auch dein Herz und dein Magen sind Muskeln, und über sie hast du keine Kontrolle.

Muskeln sind das Kraftwerk des Körpers. Sie wandeln Energie in Zugkraft um. Die Muskeln, die du kontrollieren kannst, sind die Skelettmuskeln, von denen es rund 650 gibt. Zähe Gewebestränge, die Sehnen, verbinden sie mit den Knochen. Skelettmuskeln arbeiten paarweise. Einer zieht sich zusammen und bewegt einen Knochen. Gleichzeitig entspannt sich sein Gegenspieler. Nun zieht sich der Gegenspieler zusammen, und der andere Muskel entspannt sich. Der Knochen bewegt sich zurück. Dieser Mechanismus tritt immer in Aktion, ob du nun springst oder Gitarre spielst.

Die Muskeln, die du nicht kontrollieren kannst, werden als glatte Muskeln bezeichnet, weil sie im Gegensatz zu den Skelettmuskeln unter dem Mikroskop nicht quergestreift, sondern glatt aussehen. Die Wände der Blutgefäße, des Magens und des Darms bestehen aus glatten Muskeln. Der kraftvollste Muskel unseres Körpers ist der Herzmuskel. Er ist weder ein glatter noch ein Skelettmuskel. Alle Muskeln enthalten Nerven und Blutgefäße. Die Blutgefäße versorgen sie mit Sauerstoff und Nährstoffen. Die Nerven steuern ihre Aktionen. Denk dran, deine Augenmuskeln zum Weiterlesen benutzt.

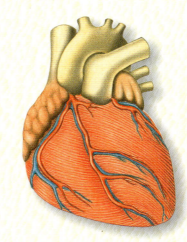

SCHWERARBEITER
Dein unermüdliches Herz schlägt rund 4 500 mal in der Stunde. Der Herzmuskel ist einzigartig. Seine Zellen sind zwar quergestreift, trotzdem können wir ihn nicht kontrollieren.

MUSKELKARTEN
Hast du in der letzten Zeit deinen Großen Gesäßmuskel benutzt? Du hast es getan, wenn du aufgestanden bist. Und was ist mit dem Geraden Bauchmuskel? Er tritt jedes Mal in Aktion, wenn du hustest. Auf der Karte unten findest du diese und andere wichtige Muskeln, aber sie kann unmöglich alle zeigen. Allein in jeder Hand befinden sich 37 Muskeln. Sogar in den Ohren gibt es Muskeln, die die Gehörknöchelchen bewegen. Zu ihnen gehört der Steigbügelspanner, der kleinste Muskel des Körpers. Er sieht aus wie eine Baumwollfaser.

SEI AKTIV!
Muskelspiele

❶ Alle Finger sind über eine Sehne mit den Muskeln in deinem Unterarm verbunden. Halte deine Hand so wie abgebildet und versuche, jeden der ausgestreckten Finger anzuheben. Du kannst deinen Ringerfinger nicht bewegen? Das liegt daran, dass seine Sehne mit dem des Mittelfingers verbunden ist. Das macht es praktisch unmöglich, den Ringfinger allein zu bewegen.

❷ Versuche 30 Sekunden lang, den Arm zu heben, den deine Freundin festhält. Was passiert, wenn sie ihn loslässt? Deine Muskeln „erinnern" sich, dass du versucht hast, ihn zu heben.

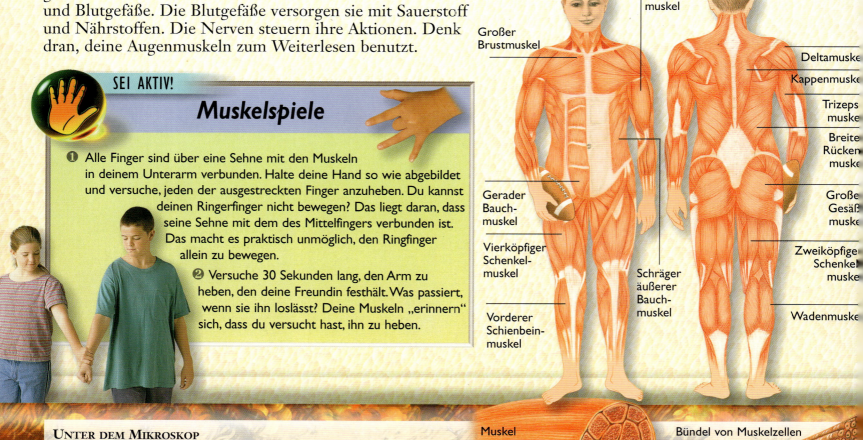

Großer Brustmuskel · Bizepsmuskel · Deltamuskel · Kappenmuskel · Trizepsmuskel · Breiter Rückenmuskel · Gerader Bauchmuskel · Vierköpfiger Schenkelmuskel · Schräger äußerer Bauchmuskel · Großer Gesäßmuskel · Zweiköpfiger Schenkelmuskel · Vorderer Schienbeinmuskel · Wadenmuskel

Muskel · Bündel von Muskelzellen

UNTER DEM MIKROSKOP
Jeder Muskel besteht aus Bündeln von Muskelzellen, und jede Zelle besteht aus kleineren Bündeln von Fasern, die Myofibrillen genannt werden. In jeder Fibrille sind dünne Eiweißstränge von dickeren Strängen umgeben. Wenn sich ein Muskel zusammenzieht, gleiten die Stränge übereinander. Dadurch werden die Zellen und damit der Muskel kürzer.

Wörterbuch

Als **Antagonisten** bezeichnet man Muskeln, wenn sie in Paaren als Gegenspieler arbeiten. Das Wort kommt von lateinisch *antagonista* für Gegner. Wenn sich ein Muskel zusammenzieht, erschlafft der andere. Ein Beispiel für Antagonisten sind Bizeps und Trizeps, die den Unterarm beugen bzw. strecken.

Schon gewusst?

- Unsere Muskelzellen erzeugen so viel Energie, dass man einen Liter Wasser eine Stunde lang kochen könnte.
- Wenn du zitterst, ziehen sich deine Muskeln unwillkürlich zusammen. Dabei wird Energie freigesetzt, die dich warm hält.
- Auch zum Stillstehen brauchst du deine Muskeln. Die Schwerkraft lässt dich schwanken, aber deine Muskeln richten dich wieder gerade.

Wegweiser

- Die Augenmuskeln sind die aktivsten in deinem Körper. Mehr über die Augen findest du auf Seite 20-21.
- Muskeln bewegen Knochen, werden aber auch von Knochen geschützt. Lies nach über Knochen auf Seite 40-41.
- Muskelzellen enthalten zahlreiche Mitochondrien. Sie liefern den Muskeln ihre Energie. Die Arbeit der Zellen ist auf Seite 10-11 beschrieben.

MUSKELKRAFT

Muskeln, die man nicht benutzt, verlieren an Kraft und Umfang. Diejenigen, die man viel benutzt, werden groß und kräftig. Wenn man zum Beispiel immer wieder einen Tennisschläger schwingt oder Gewichte hebt, verdicken sich die Muskelfasern. Bodybuilder entwickeln ihre Muskeln mit Hilfe eines speziellen Trainings. Aber um kräftig zu sein, braucht man keine dicken Muskelpakete. Regelmäßige Beanspruchung hält die Muskeln fit.

Muskelzelle · Myofibrille · Eiweißstränge · Eiweißstränge bei entspanntem Muskel · Eiweißstränge bei zusammengezogenem Muskel

Mode auf Kosten der Knochen *In China wurden früher die Füße der Frauen gebrochen und eingeschnürt.* *In Birma wurden Halsringe getragen, die die Wirbel streckten.* *In westlichen Ländern trugen Frauen Korsetts, die die unteren Rippen quetschten.*

Knochenarbeit

UNSERE KNOCHEN SIND so kräftig, dass schon ein kleines Stück das Gewicht eines Elefanten tragen könnte. Zahlreiche Knochen tragen *dein* Gewicht und schützen deine inneren Organe. Die Schädelknochen bilden einen natürlichen Helm für dein Gehirn. Die Rippen bilden einen Käfig für Herz, Leber und Lungen. Das Becken bietet den Organen in deinem Unterleib Schutz, und die Wirbel deiner Wirbelsäule hüllen das Rückenmark ein. Außerdem werden in den Knochen Blutzellen gebildet und Mineralien gespeichert.

Knochen haben drei Schichten. Eine dünne äußere Schicht, die Knochenhaut, umgibt eine harte, kompakte Substanz, die sehr solide aussieht, es aber nicht ist. Sie besteht aus kreisförmig angeordneten Säulen. Zwischen diesen Säulen liegen Blutgefäße, die den Knochen mit Nahrung und Sauerstoff versorgen. Die innerste Schicht ist ein schwammiges Gitterwerk aus Knochenmark und Mineralien. Das Knochenmark ist der Ort, an dem Blutzellen gebildet werden.

Knochen können wachsen und sich erneuern. Ein Typ von Knochenzellen löst ununterbrochen alte Knochensubstanz auf, während ein anderer Typ neue Knochensubstanz bildet. Bei diesem Prozess spielen Hormone eine Rolle, aber auch die eigenen Aktivitäten. Wenn du dich bewegst, regen die Schwerkraft und der Zug der Muskeln neues Knochenwachstum an. Kräftige Muskeln sorgen für kräftige Knochen.

INSIDESTORY
Ein Leuchten im Dunkeln

Am 8. November 1895 entdeckte der deutsche Physiker Wilhelm Conrad Röntgen beim Experimentieren mit elektrischem Strom ein neues Licht. Es durchdrang Papier, Bücher und Zinn. Es machte die Haut unsichtbar und erhellte die unter ihr liegenden Knochen. Zwei Monate stellte Röntgen Versuche mit diesem Licht an. Er fand heraus, dass es möglich war, mit den „X-Strahlen", wie er sie nannte, Fotos vom Körperinnern zu machen. Schon wenig später benutzten Ärzte in der ganzen Welt die Röntgenstrahlen zum Diagnostizieren von Knochenbrüchen und anderen Problemen.

SEI AKTIV!
Bau dir einen Knochen

Knochen ist so hart, dass Chirurgen ihn mit einer Säge durchtrennen müssen. Gleichzeitig ist er aber relativ leicht, weil die schwammige Struktur in seinem Innern viel Luft enthält. Stelle mit Hilfe von steifem Papier, Klebeband, einer Schere und Trinkstrohhalmen ein Knochenmodell her. Dann teste seine Stärke.

1. Schneide ein 14 Zentimeter breites Stück steifes Papier auf die Länge eines Strohhalms zu.
2. Klebe zwei Schichten Strohhalme mit doppelseitigem Klebeband auf das Papier und rolle es mit den Strohhalmen nach innen zusammen. Klebe die Röhre mit normalem Klebeband fest zu.
3. Stell deinen „Knochen" aufrecht auf einen Tisch und übe mit der Hand oder einem Buch starken Druck auf ihn aus. Wie kräftig ist dein Knochen?

Real bone   Straw bone

BLICK INS INNERE

Du hast doppelt so viele Knochen wie eine Giraffe und fast alle anderen Säugetiere. Dafür sind deine Hände und Füße verantwortlich. Zusammen enthalten sie mehr als die Hälfte deiner 206 Knochen. Deshalb sind sie so beweglich. Knochen verraten sehr viel über einen Menschen. Noch nach Tausenden von Jahren enthüllen sie Geheimnisse über Gesundheit, Lebensweise, Größe und Geschlecht eines Menschen.

BÖSE BRÜCHE
Bei einem einfachen Bruch ist der Knochen gebrochen, die Haut aber unverletzt; bei einem komplizierten Bruch dagegen haben die Knochenenden die Haut durchbohrt. Ein solcher offener Bruch ist gefährlicher, weil Krankheitserreger eindringen und den Knochen infizieren können.

GEBROCHENE KNOCHEN

Stürze und andere Unfälle können Knochenbrüche zur Folge haben. Mit Hilfe von Röntgenstrahlen können die Ärzte die Art und das Ausmaß eines Bruchs erkennen. Dann richten sie den Knochen so, dass die Bruchkanten genau zusammenpassen. Der Knochen würde auch ohne ihre Hilfe heilen, aber möglicherweise schief wachsen und schwach bleiben. Ein Gipsverband sorgt dafür, dass der Knochen ruhig gestellt und gerade gehalten wird, während er heilt.

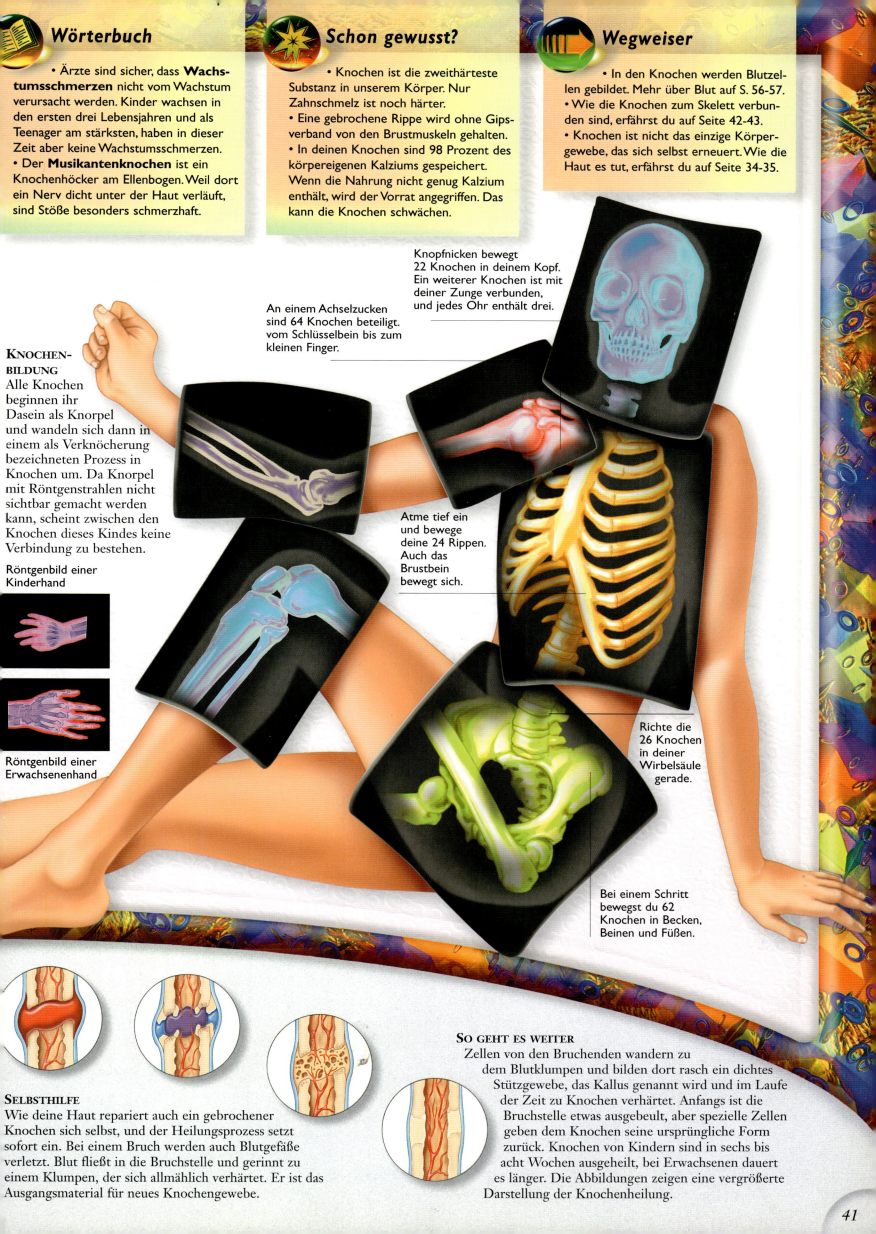

Wörterbuch

• Ärzte sind sicher, dass **Wachstumsschmerzen** nicht vom Wachstum verursacht werden. Kinder wachsen in den ersten drei Lebensjahren und als Teenager am stärksten, haben in dieser Zeit aber keine Wachstumsschmerzen.
• Der **Musikantenknochen** ist ein Knochenhöcker am Ellenbogen. Weil dort ein Nerv dicht unter der Haut verläuft, sind Stöße besonders schmerzhaft.

Schon gewusst?

• Knochen ist die zweithärteste Substanz in unserem Körper. Nur Zahnschmelz ist noch härter.
• Eine gebrochene Rippe wird ohne Gipsverband von den Brustmuskeln gehalten.
• In deinen Knochen sind 98 Prozent des körpereigenen Kalziums gespeichert. Wenn die Nahrung nicht genug Kalzium enthält, wird der Vorrat angegriffen. Das kann die Knochen schwächen.

Wegweiser

• In den Knochen werden Blutzellen gebildet. Mehr über Blut auf S. 56-57.
• Wie die Knochen zum Skelett verbunden sind, erfährst du auf Seite 42-43.
• Knochen ist nicht das einzige Körpergewebe, das sich selbst erneuert. Wie die Haut es tut, erfährst du auf Seite 34-35.

KNOCHENBILDUNG
Alle Knochen beginnen ihr Dasein als Knorpel und wandeln sich dann in einem als Verknöcherung bezeichneten Prozess in Knochen um. Da Knorpel mit Röntgenstrahlen nicht sichtbar gemacht werden kann, scheint zwischen den Knochen dieses Kindes keine Verbindung zu bestehen.

Röntgenbild einer Kinderhand

Röntgenbild einer Erwachsenenhand

Knopfnicken bewegt 22 Knochen in deinem Kopf. Ein weiterer Knochen ist mit deiner Zunge verbunden, und jedes Ohr enthält drei.

An einem Achselzucken sind 64 Knochen beteiligt. vom Schlüsselbein bis zum kleinen Finger.

Atme tief ein und bewege deine 24 Rippen. Auch das Brustbein bewegt sich.

Richte die 26 Knochen in deiner Wirbelsäule gerade.

Bei einem Schritt bewegst du 62 Knochen in Becken, Beinen und Füßen.

SELBSTHILFE
Wie deine Haut repariert auch ein gebrochener Knochen sich selbst, und der Heilungsprozess setzt sofort ein. Bei einem Bruch werden auch Blutgefäße verletzt. Blut fließt in die Bruchstelle und gerinnt zu einem Klumpen, der sich allmählich verhärtet. Er ist das Ausgangsmaterial für neues Knochengewebe.

SO GEHT ES WEITER
Zellen von den Bruchenden wandern zu dem Blutklumpen und bilden dort rasch ein dichtes Stützgewebe, das Kallus genannt wird und im Laufe der Zeit zu Knochen verhärtet. Anfangs ist die Bruchstelle etwas ausgebeult, aber spezielle Zellen geben dem Knochen seine ursprüngliche Form zurück. Knochen von Kindern sind in sechs bis acht Wochen ausgeheilt, bei Erwachsenen dauert es länger. Die Abbildungen zeigen eine vergrößerte Darstellung der Knochenheilung.

41

KOOPERATION
Die Knochen werden von den Muskeln und den Gelenken bewegt, die ihre Befehle vom Nervensystem erhalten.

Arm gerade   *Bizepsmuskel entspannt*   *Arm gebogen*   *Bizepsmuskel zusammengezogen*

Das Skelett

VERSUCHE EIN PAAR SCHRITTE mit steifen Beinen zu gehen und dann zu rennen. Du kommst nicht sehr weit und auch nicht sehr schnell voran. Was wäre, wenn dein Arm aus einem einzigen Knochen bestünde? Könntest du dir den Rücken kratzen? Eine Eistüte zum Mund führen? Und stell dir eine Wirbelsäule vor, die so steif und gerade ist wie ein Lineal. Du könntest weder über die Schulter schauen noch deine Zehen berühren.

Dein Skelett ist so konstruiert, dass du dich beugen und drehen kannst. Es schützt das Innere des Körpers und trägt das Fünffache seines Eigengewichts an Muskeln und Organen. Dieses kräftige Gerüst ist bei Männern und Frauen unterschiedlich ausgebildet. Frauen haben ein breites Becken, das einem heranwachsenden Kind Platz bietet. Die breiten Schultern eines Mannes stützen seine schwereren Muskeln.

Knochen können sich nicht biegen. Trotzdem kannst du es tun, weil die meisten Knochen durch bewegliche Gelenke verbunden sind. Sie sorgen dafür, dass sich die Knochen nur in bestimmte Richtungen bewegen, und verhindern falsche Bewegungen. Manche Gelenke erlauben nur Auf- und Abbewegungen, andere ermöglichen Drehungen. Aber ohne Muskeln könnten die Gelenke nicht arbeiten. Die Muskeln sind mit Sehnen an den Knochen verankert. Wenn sich ein Muskel zusammenzieht, bewegt er den Knochen im Gelenk. Du machst eine Kniebeuge oder streckst die Arme aus.

Unterkiefer
Schlüsselbein
Schulterblatt
Fingerknochen
Handwurzelknochen

SEI AKTIV!
Achte auf deine Wirbelsäule

Die Wirbelsäule ist die Hauptstütze des Körpers. Sie überträgt das Gewicht deines Oberkörpers auf Becken und Beine. Wenn du gerade stehst, ist das Gewicht gleichmäßig auf die ganze Wirbelsäule verteilt, aber wenn du dich sacken lässt, wird nur ein Teil der Wirbelsäule belastet.

❶ Versuche, mit einem Buch auf dem Kopf zu gehen. Dein Kopf ist erhoben, deine Schultern sind leicht nach hinten gerichtet. Das ist die rückenschonendste Haltung.

❷ Wenn du etwas hebst, halte den Rücken gerade und beuge die Knie. Dann tragen deine kräftigen Beine und nicht die Wirbelsäule die Last.

Drehgelenk
In deinem Hals befindet sich ein Gelenk, das es dir ermöglicht, den Kopf zu drehen.

GELENKE IN AKTION
Die Form eines Gelenks entscheidet darüber, wie und ob ein Knochen sich bewegt. Die Knochen im Schädel sind durch ineinander greifende „Nähte" fest miteinander verbunden. Andere Gelenke wie etwa die in der Wirbelsäule lassen nur geringfügige Bewegungen zu. Trotzdem ist die Wirbelsäule biegsam, weil 24 Wirbel zusammenarbeiten.

Wörterbuch

Kollagen ist gewissermaßen der Klebstoff deines Körpers. Der Name ist aus den griechischen Wörtern *colla* = Leim und *gen* = verursachen zusammengesetzt. Kollagen ist der Hauptbestandteil des Gewebes, das deinen Körper zusammenhält. Es wird Bindegewebe genannt und ist überall im Körper vorhanden. Sehnen und Bänder bestehen aus Bindegewebe, ebenso Knorpel und Knochen.

Schon gewusst?

• „Gummigelenke" gibt es nicht. Manch einer hat nur elastischere Bänder.
• Rezeptoren in den Gelenken sagen deinem Gehirn, ob ein Gelenk gebeugt ist. Das Gehirn kombiniert die Information über deine Bewegung und Position mit Botschaften von den Sinnesorganen. So wird verhindert, dass du das Gleichgewicht verlierst.

Wegweiser

• Welche Gelenke des Körpers werden am häufigsten gebraucht? Du erfährst es auf Seite 44-45.
• Knorpel erneuert sich nicht von Natur aus, aber die Wissenschaftler können ihn wachsen lassen. Wie das geschieht, steht auf Seite 60-61.
• Das Skelett schützt Gehirn und Rückenmark – das Zentralnervensystem. Mehr darüber steht auf Seite 14-15.

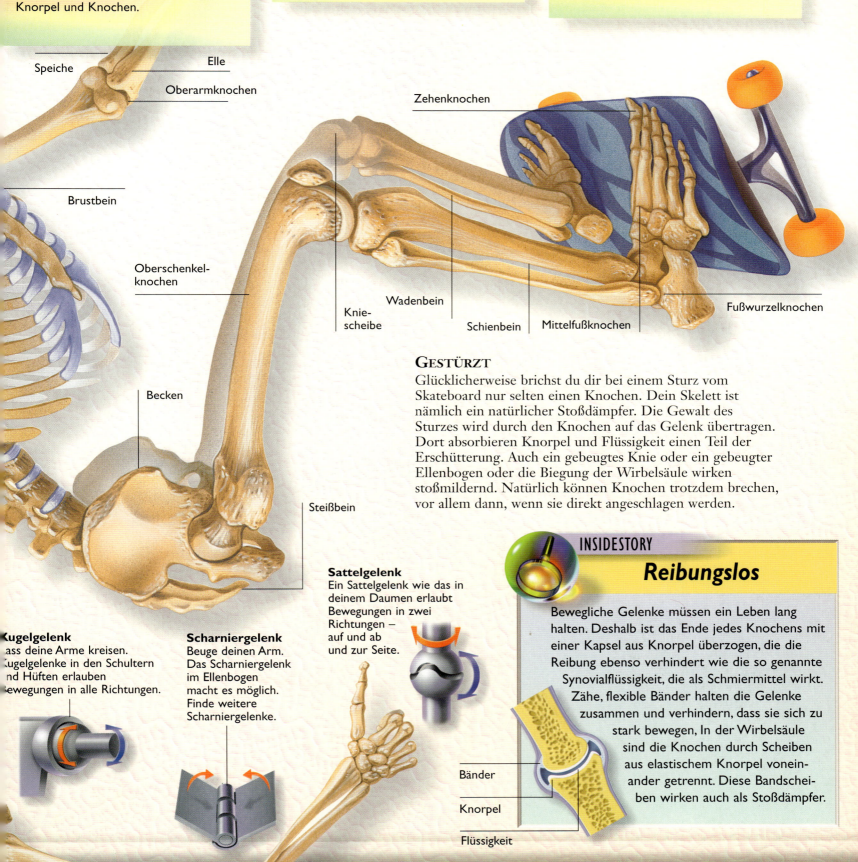

GESTÜRZT

Glücklicherweise brichst du dir bei einem Sturz vom Skateboard nur selten einen Knochen. Dein Skelett ist nämlich ein natürlicher Stoßdämpfer. Die Gewalt des Sturzes wird durch den Knochen auf das Gelenk übertragen. Dort absorbieren Knorpel und Flüssigkeit einen Teil der Erschütterung. Auch ein gebeugtes Knie oder ein gebeugter Ellenbogen oder die Biegung der Wirbelsäule wirken stoßmildernd. Natürlich können Knochen trotzdem brechen, vor allem dann, wenn sie direkt angeschlagen werden.

Kugelgelenk
Lass deine Arme kreisen. Kugelgelenke in den Schultern und Hüften erlauben Bewegungen in alle Richtungen.

Scharniergelenk
Beuge deinen Arm. Das Scharniergelenk im Ellenbogen macht es möglich. Finde weitere Scharniergelenke.

Sattelgelenk
Ein Sattelgelenk wie das in deinem Daumen erlaubt Bewegungen in zwei Richtungen – auf und ab und zur Seite.

INSIDESTORY
Reibungslos

Bewegliche Gelenke müssen ein Leben lang halten. Deshalb ist das Ende jedes Knochens mit einer Kapsel aus Knorpel überzogen, die die Reibung ebenso verhindert wie die so genannte Synovialflüssigkeit, die als Schmiermittel wirkt. Zähe, flexible Bänder halten die Gelenke zusammen und verhindern, dass sie sich zu stark bewegen, In der Wirbelsäule sind die Knochen durch Scheiben aus elastischem Knorpel voneinander getrennt. Diese Bandscheiben wirken auch als Stoßdämpfer.

Zahnlücken ... ... können mit Klammern korrigiert werden.

Zähne zeigen

KLOPFE GEGEN EINEN Schneidezahn. Damit hast du gerade die härteste Substanz in deinem Körper berührt. Deine Zähne sollen lange halten. Im Durchschnitt zerschneiden, zerkleinern und zermahlen sie im Laufe eines Lebens ungefähr 30000 Tonnen Nahrung. Sie setzen den Verdauungsprozess in Gang. Aber das ist nicht ihre einzige Funktion. Sie bilden eine starre Barriere, die den Rest des Mundes vor Schlägen und Stößen schützt. Sie helfen beim Bilden der Laute, die die Stimmbänder erzeugen. Und natürlich tragen sie zum Aussehen bei. Stell dir ein zahnloses Lächeln vor!

Die Bildung der Zähne setzt schon lange vor der Geburt ein. Alle 20 Milchzähne und viele Zähne des Erwachsenengebisses sind anfangs nur winzige Höcker unter dem Zahnfleisch. Sie wachsen langsam und brechen durch, wenn sich die Kiefer entwickeln. Die Kiefer eines Kindes sind für das Erwachsenengebiss noch nicht groß genug; deshalb ist ein Zahnwechsel erforderlich.

Jeder Zahn, der eines Kindes ebenso wie der eines Erwachsenen, besteht aus hartem, Stöße dämpfendem Zahnbein. Eine noch härtere Schicht, der Zahnschmelz, schützt den aus dem Zahnfleisch herausragenden Teil des Zahns, und die knochenähnliche Zementschicht umgibt die Zahnwurzel. Das weiche Innere, das Zahnmark, enthält Nerven und Blutgefäße, und jeder Zahn ist mit einer Bänderschlinge am Kieferknochen befestigt. Bänder und Knochen halten jeden Zahn unverrückbar fest.

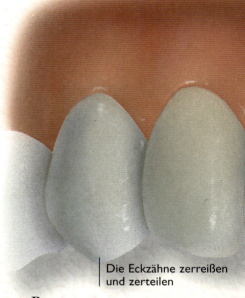

Die Eckzähne zerreißen und zerteilen

GESUNDES ROSA
Das Zahnfleisch bedeckt und schützt den Knochen, in dem die Zähne verankert sind. Wenn es entzündet ist, zieht es sich von den Zähnen zurück. Die Zahnhälse liegen frei, und wenn der Knochen angegriffen ist, können Zähne ausfallen. Gesundes Zahnfleisch ist an seiner rosa Farbe zu erkennen.

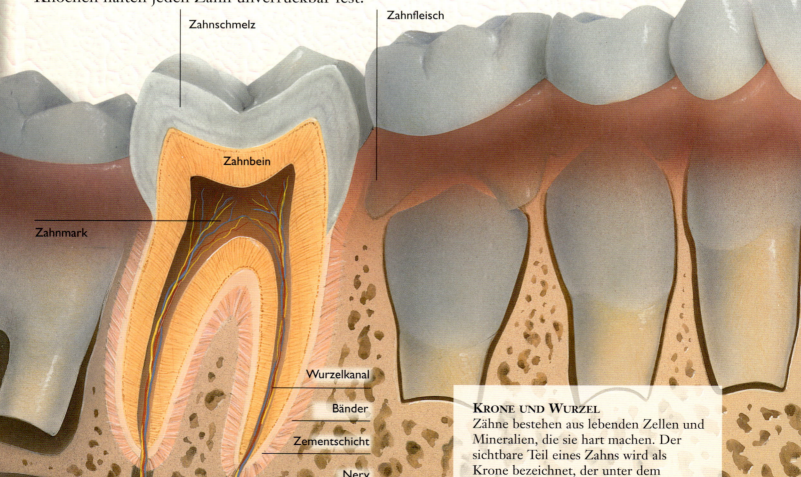

KRONE UND WURZEL
Zähne bestehen aus lebenden Zellen und Mineralien, die sie hart machen. Der sichtbare Teil eines Zahns wird als Krone bezeichnet, der unter dem Zahnfleisch verborgene als Wurzel.

Wörterbuch

Auf den Zähnen lagert sich ständig eine dünne Schicht aus Bakterien, Schleim und Speiseresten ab. Dieser **Zahnbelag** kann durch Zähneputzen entfernt werden. Wenn das nicht geschieht, verhärtet er sich zu **Zahnstein**, der sich zwischen den Zähnen und dem Zahnfleisch ablagert. Dabei bilden sich Taschen, in die knochenzerstörende Bakterien eindringen können. Dieser Zustand heißt **Parodontose** und ist der Hauptgrund dafür, dass Zähne sich lockern und ausfallen.

Schon gewusst?

• Zahnschmelz ist die zweithärteste natürliche Substanz. Nur Diamanten sind noch härter.
• Speichel ist wie Mundwasser. Er tötet Bakterien. Im Laufe deines Lebens produzierst du einen Swimmingpool voll Speichel.
• Die Rückseiten der Schneidezähne sind wie Schaufeln geformt. So können sie mithelfen, Nahrung in den Mund zu befördern.

Wegweiser

• Deine Zähne setzen den Verdauungsprozess in Gang. Wie er weitergeht, steht auf S. 48-49.
• Die Kiefergelenke sind die meistgebrauchten Gelenke in deinem Körper. Mehr über Gelenke steht auf S. 42-43.
• Ohne Speichel könntest du dein Essen nicht schlucken. Lies auf Seite 26-27, warum das so ist.

INSIDESTORY

Das große Geheimnis

Diese Zähne wiesen Flecken auf, so dunkel wie Schokolade. Dabei waren sie völlig gesund. Was ging da vor? Diese Frage stellte sich 1901 ein junger Zahnarzt. Er hieß Frederick McKay und hatte gerade in der amerikanischen Stadt Colorado Springs eine Praxis eröffnet. Viele seiner Patienten hatten die merkwürdige Verfärbung. 30 Jahre lang versuchte McKay, den Grund dafür herauszufinden. Schließlich fand er ihn im Wasser der Umgebung. Es enthielt eine große Menge des Elements Fluor. Wenn Kinder das Wasser tranken, verfärbte es ihre Zähne, schützte sie aber auch vor Karies. Zum Schutz der Zähne sind nur winzige Mengen Fluor erforderlich. Heute wird es in vielen Gegenden Zahnpasta, Mundwasser und Trinkwasser zugesetzt.

Die Schneidezähne beißen zu.

GUTEN APPETIT

Wenn du einen Apfel isst, sollten die Zähne in Ober- und Unterkiefer exakt zusammentreffen. Wenn sie es nicht tun, hast du Mühe, sie gesund und sauber zu halten. Es kann auch sein, dass du Probleme beim Kauen oder sogar beim Sprechen hast. Eine falsche Zahnstellung kann durch Klammern korrigiert werden.

DIE ZAHNFRESSER

Die meisten Bakterien werden beim Zähneputzen entfernt, aber einige bleiben in winzigen Vertiefungen sitzen. Sie bilden Säuren, die sich durch den Zahnschmelz hindurchfressen. So entsteht Karies.

Die Vorbackenzähne halten und zerkleinern Nahrung.

Die Backenzähne zermahlen Nahrung zu Brei.

PUTZE DIESE ZÄHNE

Milchzähne sind Gold wert. Sie sind die Platzhalter für die unter ihnen angelegten Erwachsenenzähne. Ohne die Milchzähne als „Führungsschienen" würden die Erwachsenenzähne schief und unregelmäßig wachsen. Deshalb müssen die Milchzähne immer gründlich geputzt werden.

45

Angebot und Nachfrage

SCHON BEVOR DU FINGER, Zehen, Augen oder Ohren hattest, hattest du ein Herz. Es schlug schon, als du erst drei Wochen im Leib deiner Mutter warst, und transportierte Sauerstoff und Nährstoffe durch deinen Körper. Vor der Geburt war es deine Mutter, die dich mit diesen lebenswichtigen Dingen versorgte. Aber woher kommen sie jetzt? Was geht in deinem Körper vor, wenn er sie nutzt? Was befördert dein Blut sonst noch? Lies weiter, dann erfährst du es.

Seite **48**

Was passiert in deinem Magen?

Wie verwandelt dein Körper Nahrung in Energie?

Lies nach bei
DER VERDAUUNGSKANAL.

Seite **50**

Woher weiß dein Gehirn, dass die Blase voll ist?

Du hast zwei davon (unten), kannst aber auch mit einer leben. Was ist gemeint?

Lies nach bei
WASSERSTRASSEN.

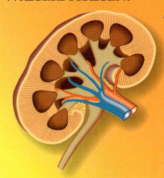

Seite **52**

Deine Lungen haben keine eigenen Muskeln. Wie bewegen sie sich trotzdem?

Sauerstoff gelangt über diese winzigen Luftbläschen (rechts) ins Blut. Wie?

Lies nach bei
LUFT HOLEN.

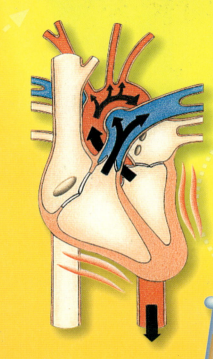

Seite **54** Weshalb klopft dein Herz schneller, wenn du rennst?

Wie wird Blut in jeden Winkel deines Körpers transportiert?

Lies nach bei HERZENSSACHE.

Seite **56** Diese Zellen (unten links) sind Lebensretter. Wieso?

Was ist in jedem Blutstropfen enthalten?

Lies nach bei ES LIEGT IM BLUT.

Seite **58** Dein Körper befindet sich ständig im Kriegszustand. Gegen wen kämpft er?

In deinem Körper gibt es mehr als hundert Kampfeinheiten. Wo befinden sie sich und was tun sie?

Lies nach bei SCHUTZMECHANISMEN.

Seite **60** Vielleicht wird eine Kartoffel dich bald vor Krankheiten schützen. Wie?

Werden die Menschen in der Zukunft anders aussehen und länger leben?

Lies nach bei UNSERE ZUKUNFT.

BÖSEWICHTER
In unseren Därmen leben Bakterien, die uns beim Verdauen der Nahrung helfen. Aber auch die hier abgebildeten Schädlinge können in unseren Därmen vorhanden sein und sich in ihnen vermehren. Sie machen Menschen krank.

Spulwurmeier   *Bandwurm*   *E. coli*

Der Verdauungskanal

AUFSTOSSEN UND MAGENKNURREN mögen dir peinlich sein, aber sie sind ein Beweis dafür, dass Nahrung unterwegs ist. Dein Verdauungssystem quetscht Nahrung durch ein 9 Meter langes, vielfach gewundenes Röhrensystem. Der Prozess beginnt, wenn du in ein Sandwich beißt, und endet 15 bis 48 Stunden später. In dieser Zeit spalten kräftige Muskeln und leistungsfähige Chemikalien, die so genannten Enzyme, die Nahrung in immer kleinere Teilchen auf. Viele dieser Enzyme werden von der Leber, der Gallenblase und der Bauchspeicheldrüse gebildet.

Bei der Verdauung werden Nährstoffe und Abfallprodukte voneinander getrennt. Die Abfallprodukte werden in Form von Kot und Urin ausgeschieden. Die Nährstoffe gelangen ins Blut. Einige von ihnen helfen beim Wachstum und der Reparatur von Zellen. Andere werden gespeichert oder zur Energiegewinnung verbrannt. Energie wird ständig gebraucht, ganz gleich, ob du einen Dauerlauf machst, atmest, schläfst, isst, nachdenkst oder dein Essen verdaust.

Die Verdauung wird von Nerven gesteuert. Sie verbinden das Verdauungssystem mit dem Gehirn und können den Verdauungsprozess den Bedürfnissen des Körpers entsprechend verlangsamen oder beschleunigen. Aber das Verdauungssystem verfügt auch über ein eigenes „Gehirn". Der gesamte Verdauungskanal ist mit Nerven ausgekleidet. Sie treten in Aktion, sobald die Wände der Verdauungsorgane durch Nahrung gedehnt werden. Ihre Aufgabe ist es, den Weg der Nahrung und die Ausschüttung der Enzyme zu steuern.

INSIDESTORY
Loch im Magen

Im Jahre 1822 wurde ein junger Mann namens Alexis St. Martin in Michigan, USA, von einer Gewehrkugel getroffen. Die Wunde verheilte, hinterließ aber ein Loch in St. Martins Magenwand. Wenn es abgedeckt war, konnte St. Martin normal essen, aber wenn es offen war, konnte sein Arzt William Beaumont die Verdauung genau beobachten. Dr. Beaumont befestigte Fleisch-, Kohl- und Brotbrocken an einer Schnur und führte sie durch das Loch in den Magen ein. Von Zeit zu Zeit zog er die Schnur heraus, um festzustellen, was mit der Nahrung passiert war. Dabei entdeckte Beaumont die Enzyme, die Chemikalien, die die Nahrung aufspalten.

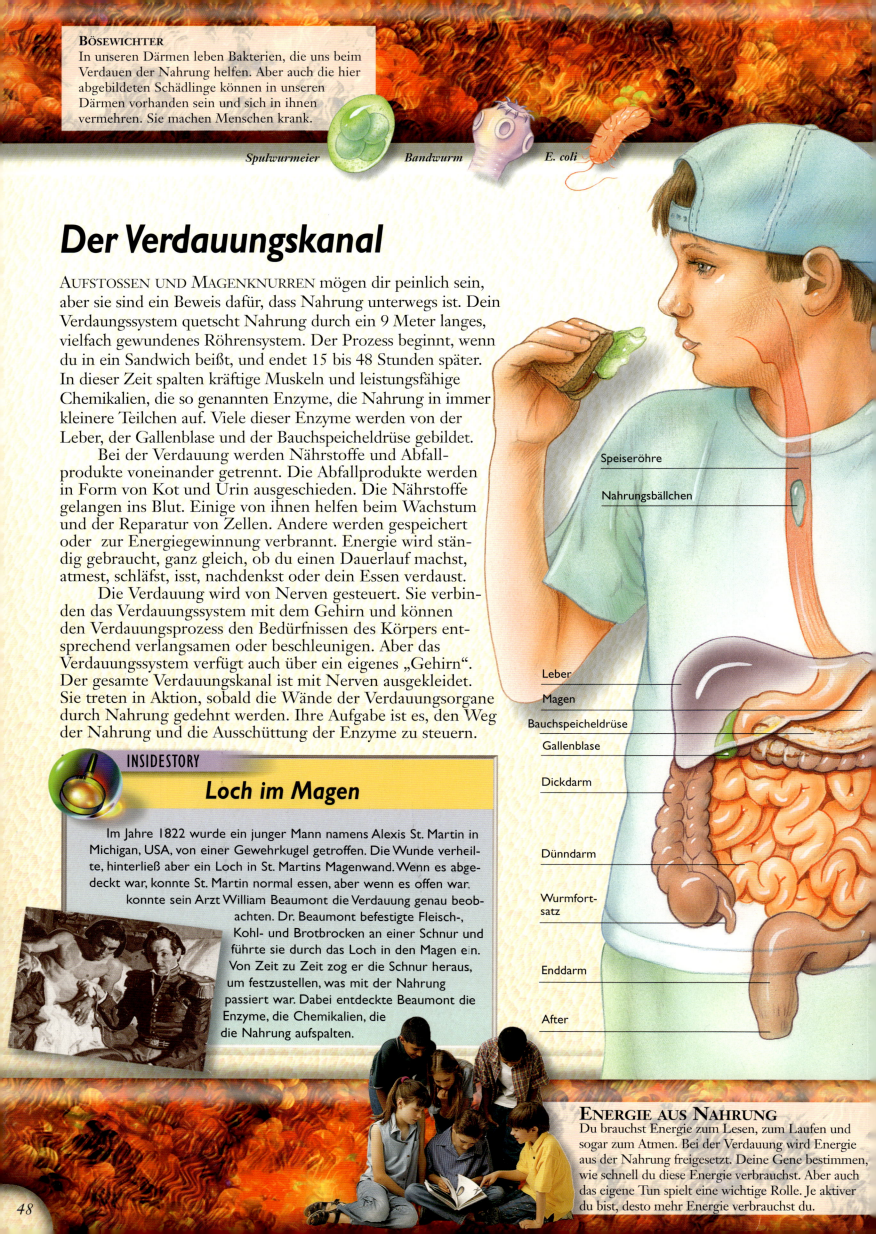

Speiseröhre
Nahrungsbällchen
Leber
Magen
Bauchspeicheldrüse
Gallenblase
Dickdarm
Dünndarm
Wurmfortsatz
Enddarm
After

ENERGIE AUS NAHRUNG
Du brauchst Energie zum Lesen, zum Laufen und sogar zum Atmen. Bei der Verdauung wird Energie aus der Nahrung freigesetzt. Deine Gene bestimmen, wie schnell du diese Energie verbrauchst. Aber auch das eigene Tun spielt eine wichtige Rolle. Je aktiver du bist, desto mehr Energie verbrauchst du.

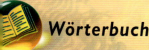
Wörterbuch

Wenn du einmal einen fettigen Topf mit einem Spülmittel ausgewaschen hast, weißt du, wie der Körper Fett verdaut. Deine Leber erzeugt ein „Spülmittel", die **Galle**, die im Dünndarm bei der Verdauung von Fetten hilft. Die Galle wird in der Gallenblase gelagert.

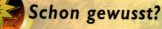
Schon gewusst?

- Es kann bis zu 5 Tage dauern, bis die Abfallprodukte den Körper verlassen.
- Der Wurmfortsatz am Blinddarm, einem Abschnitt der Dickdarms, wird nicht mehr gebraucht. Möglicherweise half er unseren Vorfahren beim Verdauen von harten Pflanzenfasern.

Wegweiser

- Dein Magen produziert seine eigenen Hormone, die bei der Verdauung helfen. Mehr steht auf Seite 28-29.
- Dein Dickdarm befreit den Körper von festen Abfallprodukten. Wie wird er die Flüssigkeit los? Antwort steht auf S. 50-51.
- Deine Leber ist ein Vielzweckorgan. Sie verarbeitet Nährstoffe, speichert Vitamine und Mineralien und reinigt das Blut. Mehr über Blut findest du auf Seite 56-57.

VERDAUUNGSMASCHINE

Die Wände des Verdauungskanals bestehen aus zwei Muskelschichten. Die innere Ringmuskulatur treibt die Nahrung voran, die äußere Längsmuskulatur zermalmt sie. Der gesamte Kanal ist mit Schleimdrüsen, Nerven und Blutgefäßen ausgekleidet. Schleim macht die Nahrung gleitfähiger und schützt den Magen vor den von ihm produzierten Säuren. Andere Drüsen sondern Enzyme ab, die die Nahrung aufspalten, sowie Hormone, die gemeinsam mit den Nerven die Verdauung steuern.

Speichel und Zähne verwandeln das Sandwich in einen schluckfertigen Bissen.

EIN HOLPRIGER WEG

Drei Typen von einander überkreuzenden Muskeln verleihen dem Magen seine Knetkraft, weil sie sich in unterschiedlichen Richtungen zusammenziehen können. Die Magenwand weist zahlreiche Falten und Drüsen auf. Die Falten können sich abflachen und Platz für Nahrung schaffen. Die Drüsen setzen Enzyme und die keimtötende Salzsäure frei.

Nur Sekunden später befördert eine Schluckbewegung den Bissen durch die Speiseröhre in den Magen.

Jetzt beginnt die Arbeit des Magens. Drei Stunden lang vermengt er den Bissen mit Verdauungssäften und verwandelt ihn in flüssigen Nahrungsbrei.

Der Brei wird in den Dünndarm befördert und dort in Nährstoffe und Abfallprodukte aufgespalten. Die Nährstoffe sickern durch die Darmwand.

Blut befördert die Nährstoffe in die Leber, die einige in energiespendenden Zucker umwandelt und andere speichert.

Abfallprodukte gelangen in den Dickdarm, wo ihnen das letzte Wasser und Mineralien entzogen werden.

Fester Abfall, Kot genannt, verlässt durch den After den Körper.

SEI AKTIV!
Der Weg nach unten

1. Stecke einen kleinen Ball in einen Strumpf und stell dir vor, der Ball wäre ein gerade geschlucktes Stück Käse und der Strumpf dein Verdauungskanal.

2. Halte das obere Ende des Strumpfes fest in einer Hand. Mit der anderen drücke direkt oberhalb des Balls so auf den Strumpf, dass sich der Ball abwärts bewegt.

Die Muskeln deines Verdauungssystems ziehen sich wellenförmig zusammen und treiben die Nahrung voran. Dieser Vorgang wird als Peristaltik bezeichnet. Wenn du das nächste Mal in ein Sandwich beißt, achte darauf, wie es sich anfühlt, wenn du einen Bissen hinunterschluckst.

LANG UND DÜNN

Der Dünndarm ist eine enge, 4 bis 5 Meter lange Röhre. Tausende von Falten und fingerförmigen Zotten vergrößern seine Oberfläche. Über die Zotten gelangen Nährstoffe in Blutgefäße und werden vom Blut durch den ganzen Körper transportiert.

BIST, WAS DU ISST

Nahrung kommt deinem Körper in verschiedenen Formen zugute. Fette werden als Energielieferanten gespeichert. Kohlenhydrate, vor allem Zucker, ... sofort verfügbare Energie. Vitamine und ... eralien ernähren die Zellen, und Eiweißver... ...dungen tragen zu ihrer Erneuerung bei.

ENERGIESPEICHER

Die in der Nahrung enthaltene Energie wird in Kalorien oder Joule gemessen. Wenn dem Körper mehr Kalorien zugeführt werden, als er braucht, wird der Überschuss in Form von Fett gespeichert.

STEINHART
Salze oder Mineralien können sich zu Nierensteinen verhärten. Sie können, wie hier gezeigt, verschiedene Formen haben. Die meisten werden aus dem Körper ausgeschieden.

Maulbeersteine *Korallensteine* *Nierengrieß*

Wasserstraßen

STELL DIR VOR, wie euer Haus aussehen würde, wenn das Abwaschwasser nicht abfließen und niemand den Müll hinausbringen würde. Ihr müsstet schleunigst ausziehen! Auch der Körper muss seine Abfälle regelmäßig entfernen. Wenn er es nicht täte, würdest du sterben. Nieren und Blase sind für die Beseitigung der flüssigen Abfallprodukte zuständig. Sie bilden zusammen mit den Harnleitern und der Harnröhre das Harnsystem.

Nachdem deine Zellen alle erforderlichen Nährstoffe aus der verdauten Nahrung herausgeholt haben, werden die Abfallstoffe wieder ins Blut zurückbefördert, das sie zu den Nieren bringt. Die Nieren sind gewissermaßen das Wiederaufbereitungszentrum des Körpers. Jede Niere enthält ungefähr eine Million Filtereinheiten, die Nephrone genannt werden. Jedes Nephron besteht aus einem Knäuel von winzigen Blutgefäßen und einem gewundenen Röhrchen, dem Nierenkanälchen. Wasser und Abfallprodukte gelangen aus den Blutgefäßen in das Kanälchen. Ein Teil des Wassers und alle für den Körper wichtigen Substanzen werden wieder ins Blut entlassen. Überschüssiges Wasser, Salze und Harnstoff dagegen werden zu Urin. Die Nieren können mehr oder weniger Urin produzieren. Auf diese Weise sorgen sie für einen ausgeglichenen Wasser- und Chemikalienhaushalt im Körper.

Der Urin tröpfelt aus den Nieren in zwei lange Röhren, die Harnleiter. Die Muskeln in den Wänden der Harnleiter schieben den Urin in die Blase. Sie dehnt sich aus und speichert den Urin, bis du das Gefühl hast, zur Toilette gehen zu müssen.

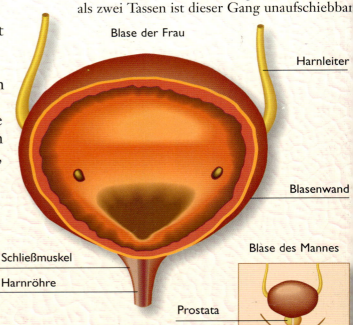

Nierenmark
Nierenrinde
Nierenbecken
Nierenarterie
Nierenvene

DIE NIEREN
Jede der etwa faustgroßen Nieren besteht aus drei Hauptteilen. Die Nierenrinde und das Nierenmark sind durch Millionen von Filtereinheiten miteinander verbunden. Vom Nierenbecken aus gelangt der Urin in die Harnleiter.

TROPFENWEISE
Die Nieren setzen alle 10 bis 15 Sekunden Urin frei, der dann durch die Harnleiter in die Blase tröpfelt. Diesen Vorgang kann man auf einer mit einem Kontrastmittel gemachten Röntgenaufnahme sehen. Wenn ungefähr eine halbe Tasse Urin herabgesickert ist, hast du das Bedürfnis, zur Toilette zu gehen. Nach mehr als zwei Tassen ist dieser Gang unaufschiebbar.

Blase der Frau
Harnleiter
Blasenwand
Blase des Mannes
Schließmuskel
Harnröhre
Prostata

DIE BLASE
Wenn sich die Blase füllt, dehnt sich ihre Muskelwand. Nerven registrieren diese Dehnung und melden deinem Gehirn, dass du urinieren musst. Die Blasenwand zieht sich zusammen und öffnet den Schließmuskel, der normalerweise die Blase verschließt. Urin strömt durch die Harnröhre aus. Die hier abgebildeten Blasen sind voll. Wenn sie leer sind, haben sie die Größe einer Walnuss und die Form eines Weinglases.

INSIDESTORY
Wasserhaushalt

Dein Körper mag sich zwar fest anfühlen, aber er besteht zu zwei Dritteln aus Wasser. Im Körper muss immer genau die richtige Menge an Wasser und Mineralien vorhanden sein. Dafür sorgen die Nieren, indem sie mehr oder weniger Urin produzieren. Die Nieren werden vom Gehirn gesteuert, das die Wassermenge im Blut überwacht. Wenn zu wenig Wasser vorhanden ist, setzt es ADH (Antidiuretisches Hormon) frei. Es veranlasst die Nieren, weniger Urin zu produzieren. Gleichzeitig macht es dich durstig. Du trinkst und gleichst damit deinen Wasserhaushalt wieder aus.

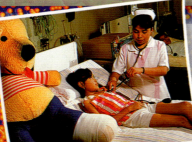

NIERENVERSAGEN
Eine Niere kann die Arbeit von beiden bewältigen. Aber wenn beide Nieren versagen, gelangen Giftstoffe ins Blut. Sie können nur durch regelmäßige Blutwäsche (Dialyse) entfernt werden.

NEUE NIEREN
Eine gespendete Niere kann Leben retten, aber der Gewebetyp der Spender- und der Empfängerniere muss übereinstimmen. Viele Leute sterben, während sie auf eine Niere warten.

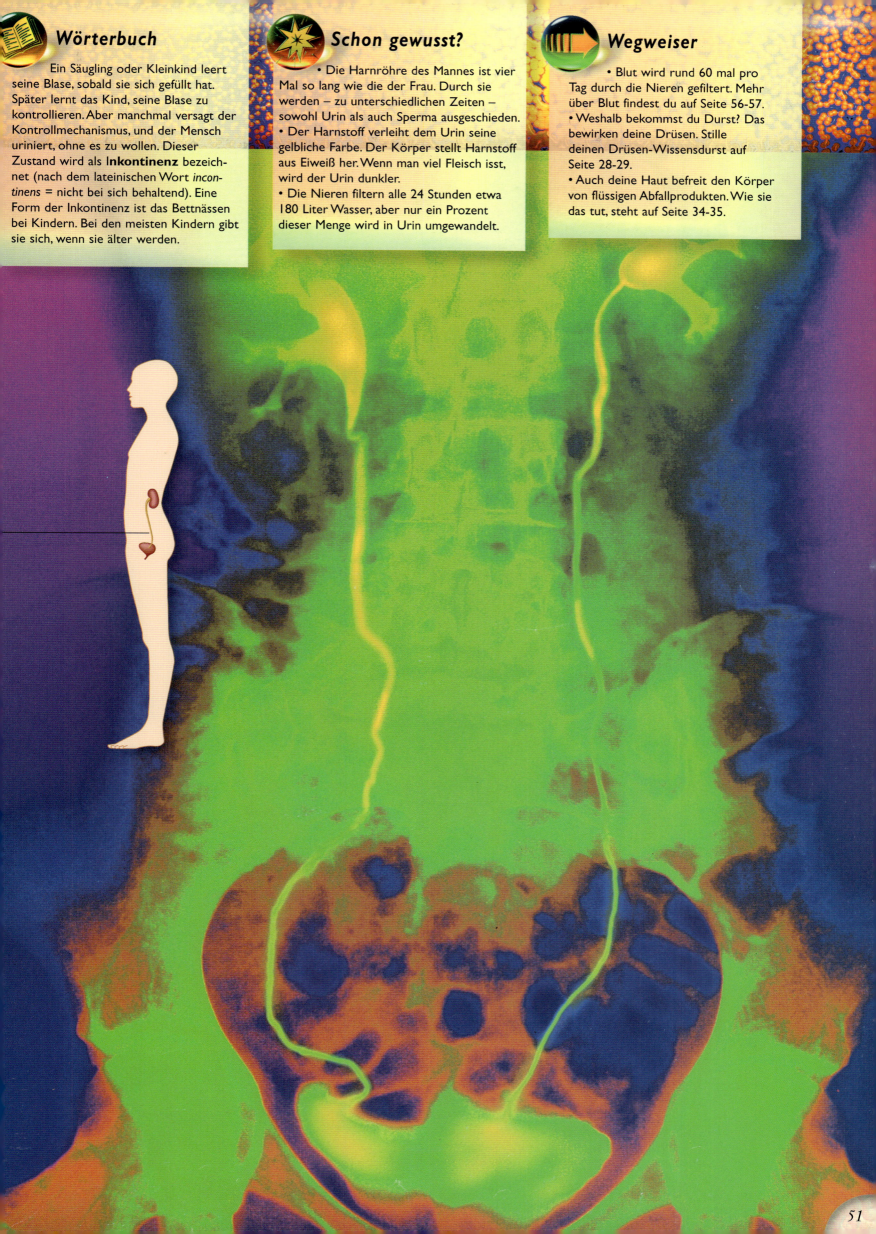

Wörterbuch

Ein Säugling oder Kleinkind leert seine Blase, sobald sie sich gefüllt hat. Später lernt das Kind, seine Blase zu kontrollieren. Aber manchmal versagt der Kontrollmechanismus, und der Mensch uriniert, ohne es zu wollen. Dieser Zustand wird als **Inkontinenz** bezeichnet (nach dem lateinischen Wort *incontinens* = nicht bei sich behaltend). Eine Form der Inkontinenz ist das Bettnässen bei Kindern. Bei den meisten Kindern gibt sie sich, wenn sie älter werden.

Schon gewusst?

- Die Harnröhre des Mannes ist vier Mal so lang wie die der Frau. Durch sie werden – zu unterschiedlichen Zeiten – sowohl Urin als auch Sperma ausgeschieden.
- Der Harnstoff verleiht dem Urin seine gelbliche Farbe. Der Körper stellt Harnstoff aus Eiweiß her. Wenn man viel Fleisch isst, wird der Urin dunkler.
- Die Nieren filtern alle 24 Stunden etwa 180 Liter Wasser, aber nur ein Prozent dieser Menge wird in Urin umgewandelt.

Wegweiser

- Blut wird rund 60 mal pro Tag durch die Nieren gefiltert. Mehr über Blut findest du auf Seite 56-57.
- Weshalb bekommst du Durst? Das bewirken deine Drüsen. Stille deinen Drüsen-Wissensdurst auf Seite 28-29.
- Auch deine Haut befreit den Körper von flüssigen Abfallprodukten. Wie sie das tut, steht auf Seite 34-35.

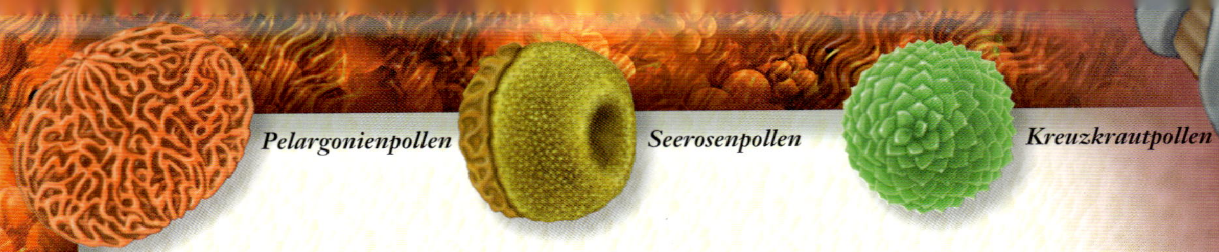

Pelargonienpollen   *Seerosenpollen*   *Kreuzkrautpollen*

Luft holen

WIE LANGE KANNST DU deinen Atem anhalten? Vermutlich nicht länger als ein oder zwei Minuten. Mehr lässt dein Gehirn nicht zu, denn das Gehirn und sämtliche anderen Teile deines Körpers müssen ununterbrochen mit Sauerstoff versorgt werden. Dieser Sauerstoff trifft mit jedem Atemzug ein. Die Zellen brauchen ihn, um Energie zu erzeugen. Wenn du versuchst, die Sauerstoffzufuhr abzuschneiden, tritt dein Gehirn in Aktion. Es zwingt dich zum Atmen, damit deine Zellen und du nicht sterben.

    Aber die Atmung bringt nicht nur Sauerstoff in deinen Körper. Sie befreit ihn auch von schädlichen Gasen wie Kohlendioxid. Lunge, Herz und Blut tauschen das schlechte Gas gegen das gute aus. Das funktioniert so:

    Die Lungen bestehen aus Tausenden von Röhrchen, die Bronchiolen genannt werden. Jede Bronchiole endet in einer Gruppe von noch kleineren Bläschen, den Alveolen, die mit einem Netz aus feinen Blutgefäßen überzogen sind. Die Wände der Alveolen und der Blutgefäße sind so dünn, dass Gase sie mühelos durchdringen können. Sauerstoff gelangt aus den Alveolen ins Blut und macht sich auf seine Reise durch die Zellen. In die Lunge zurückfließendes Blut befördert die Gase, die der Körper nicht braucht. Du atmest aus, und die schädlichen Gase sind fort. Dann atmest du wieder ein, und eine frische Portion von lebensspendendem Sauerstoff ist unterwegs. Du atmest täglich ungefähr 18 000 Liter Luft ein.

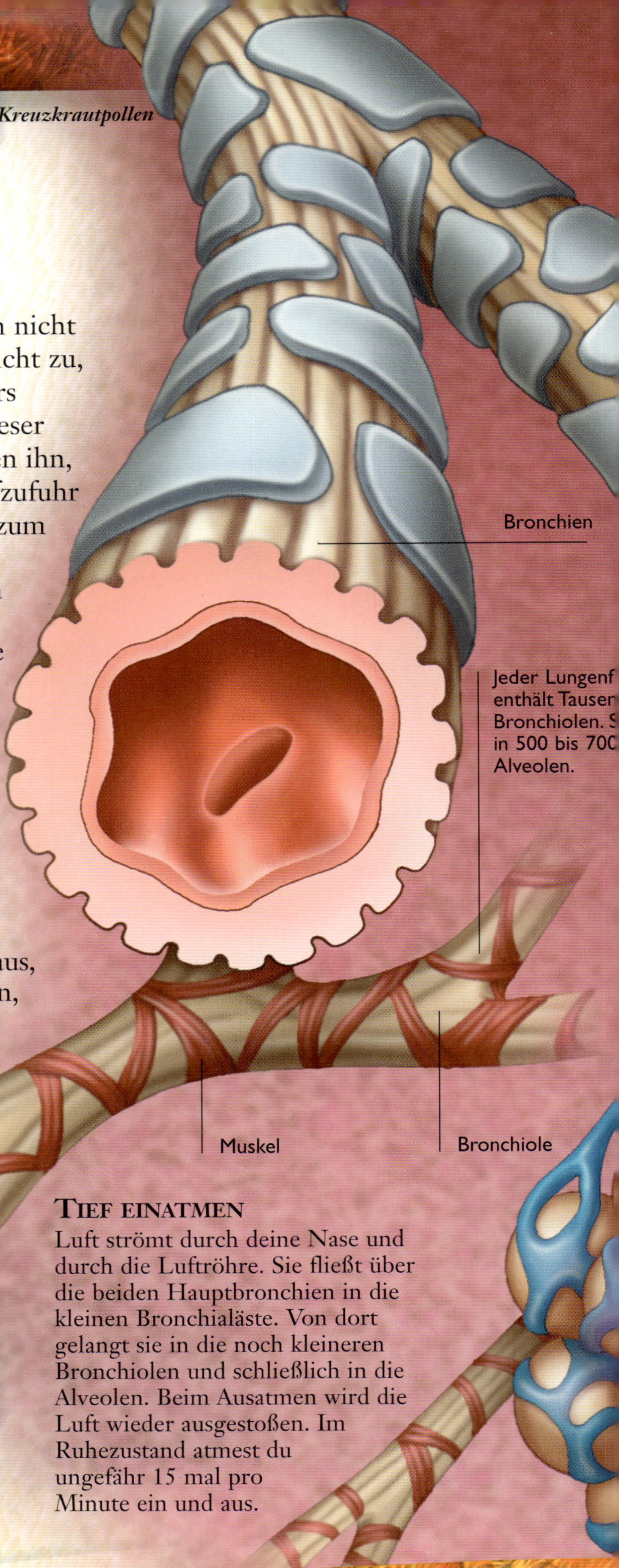

Bronchien

Jeder Lungenf enthält Tause Bronchiolen. in 500 bis 700 Alveolen.

Muskel   **Bronchiole**

SEI AKTIV!

Training

Wenn du Sport treibst, werden auch deine Lungen trainiert. Du atmest schneller, weil die schwer arbeitenden Muskeln mehr Sauerstoff benötigen. Dein Herzschlag beschleunigt sich, damit der Sauerstoff schneller in deine Arme und Beine gelangt. Das kannst du selbst testen.

1. Stelle eine Stoppuhr auf zwei Minuten ein. Zähle deine Atemzüge beim Ausatmen. Jedes Ein- und Ausatmen zählt als ein Atemzug.
2. Nun jogge zwei Minuten auf der Stelle, dann zähle deine Atemzüge noch einmal. Wie lange dauert es, bis sich deine Atmung nach der Anstrengung wieder normalisiert hat?

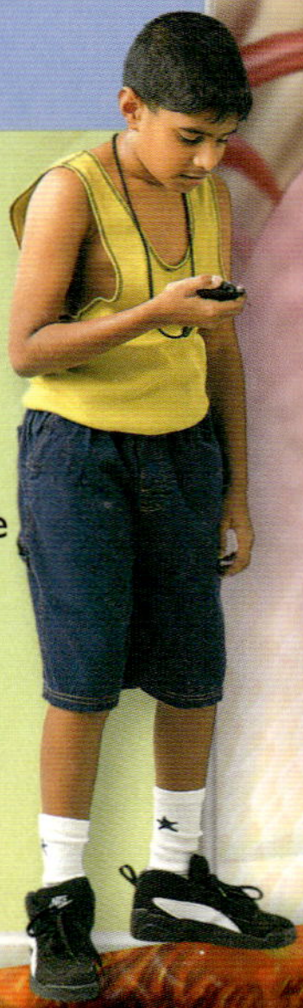

TIEF EINATMEN

Luft strömt durch deine Nase und durch die Luftröhre. Sie fließt über die beiden Hauptbronchien in die kleinen Bronchialäste. Von dort gelangt sie in die noch kleineren Bronchiolen und schließlich in die Alveolen. Beim Ausatmen wird die Luft wieder ausgestoßen. Im Ruhezustand atmest du ungefähr 15 mal pro Minute ein und aus.

DER ANTRIEB

Deine Lungen sitzen in dem mit Muskeln ausgerüsteten Brustraum. Sie sind über das Brustfell mit den Rippen verbunden. Der Hauptatemmuskel ist das Zwerchfell, das den Brustraum nach unten abschließt. Wenn du einatmest, ziehen die Brustmuskeln die Rippen hoch und nach außen. Der Zwerchfell flacht sich ab. Die Lungen dehnen sich und saugen Luft an. Beim Ausatmen senken sich die Rippen, und das Zwerchfell wölbt sich nach oben auf und presst die Luft aus den Lungen heraus.

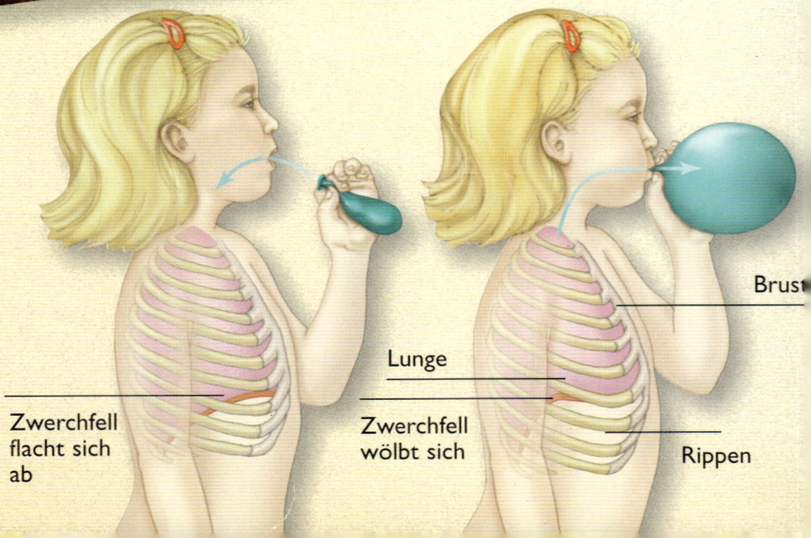

Zwerchfell flacht sich ab   **Lunge**   **Zwerchfell wölbt sich**   **Brust**   **Rippen**

Wörterbuch

Eine Lungenentzündung wird als **Pneumonie** bezeichnet, abgeleitet vom griechischen Wort *pneuma* = Luft. Einige Denker der Antike sahen im Pneuma den Geist und die Kraft, die uns bewegt und uns Leben verleiht. Andere glaubten, dass es uns am Leben hält, indem es ein Feuer im Herzen entfacht. Sie wussten, dass dieses Pneuma in das *pneumon*, die Lunge, fließt.

Schon gewusst?

• Reiner Sauerstoff ist gefährlich und kann die Lungen schädigen. Luft enthält nur 20 Prozent Sauerstoff.
• Wenn du krank bist, atmest du schneller. Um wieder gesund zu werden, braucht dein Körper mehr Energie und hat deshalb einen höheren Bedarf an Sauerstoff.
• Ein Mann hatte 68 Jahre lang jede Minute 20 bis 25 Mal einen Schluckauf. Trotzdem führte er ein normales Leben.

Wegweiser

• Eine Hälfte deines Herzens ist für den Bluttransport zur Lunge zuständig. Mehr steht auf Seite 54-55.
• Deine Nase hilft den Lungen. Sie wärmt die Atemluft an und filtert Staub und Krankheitserreger heraus. Lies darüber Seite 24-25.
• Nahrung und Luft wandern durch den Rachen. Auf Seite 26-27 steht, wie sie an die richtige Stelle gelangen.

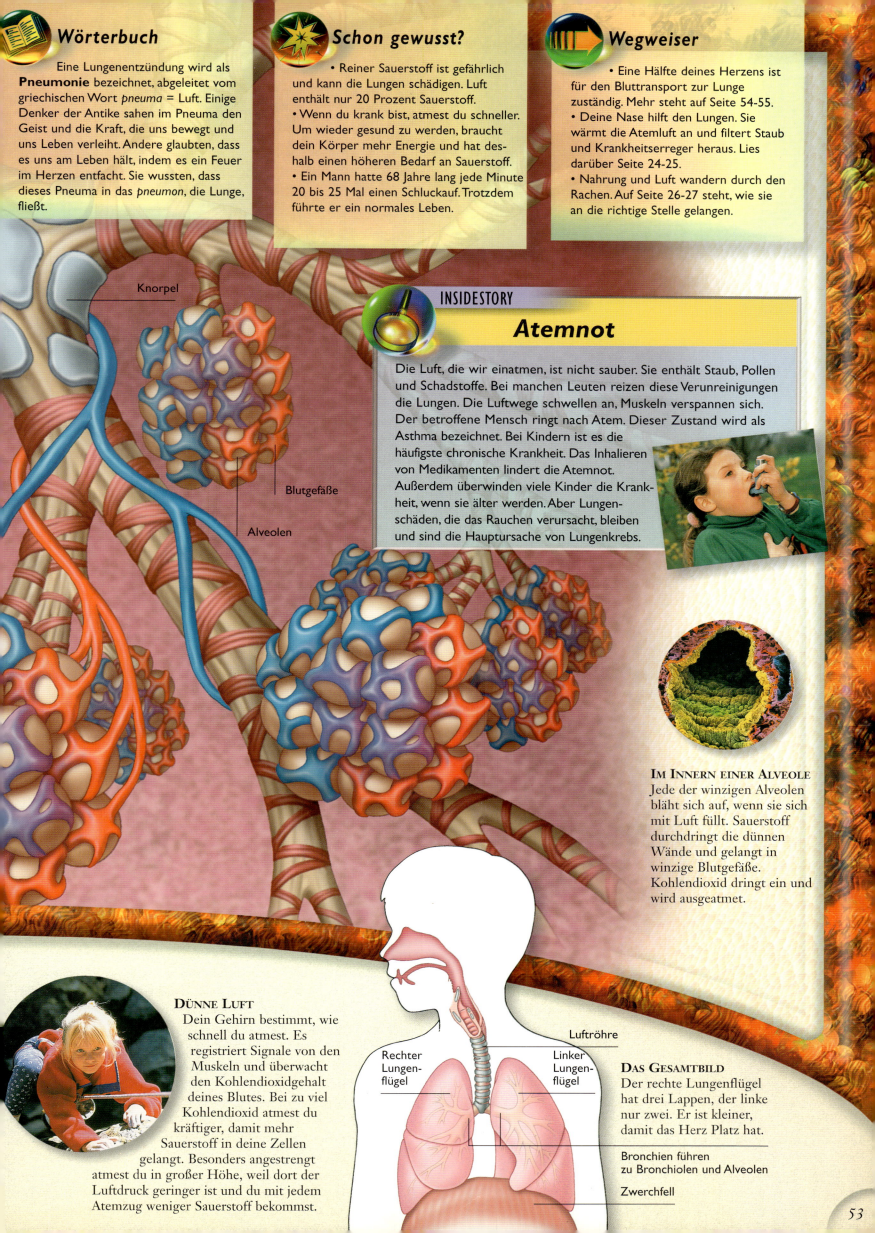

Knorpel

Blutgefäße

Alveolen

INSIDESTORY

Atemnot

Die Luft, die wir einatmen, ist nicht sauber. Sie enthält Staub, Pollen und Schadstoffe. Bei manchen Leuten reizen diese Verunreinigungen die Lungen. Die Luftwege schwellen an, Muskeln verspannen sich. Der betroffene Mensch ringt nach Atem. Dieser Zustand wird als Asthma bezeichnet. Bei Kindern ist es die häufigste chronische Krankheit. Das Inhalieren von Medikamenten lindert die Atemnot. Außerdem überwinden viele Kinder die Krankheit, wenn sie älter werden. Aber Lungenschäden, die das Rauchen verursacht, bleiben und sind die Hauptursache von Lungenkrebs.

IM INNERN EINER ALVEOLE
Jede der winzigen Alveolen bläht sich auf, wenn sie sich mit Luft füllt. Sauerstoff durchdringt die dünnen Wände und gelangt in winzige Blutgefäße. Kohlendioxid dringt ein und wird ausgeatmet.

DÜNNE LUFT
Dein Gehirn bestimmt, wie schnell du atmest. Es registriert Signale von den Muskeln und überwacht den Kohlendioxidgehalt deines Blutes. Bei zu viel Kohlendioxid atmest du kräftiger, damit mehr Sauerstoff in deine Zellen gelangt. Besonders angestrengt atmest du in großer Höhe, weil dort der Luftdruck geringer ist und du mit jedem Atemzug weniger Sauerstoff bekommst.

Luftröhre

Rechter Lungenflügel

Linker Lungenflügel

DAS GESAMTBILD
Der rechte Lungenflügel hat drei Lappen, der linke nur zwei. Er ist kleiner, damit das Herz Platz hat.

Bronchien führen zu Bronchiolen und Alveolen

Zwerchfell

Der Puls verrät dir, wie schnell dein Herz schlägt.

Herzenssache

LEG DIE FINGER AUF dein Handgelenk. Das Pochen, das du fühlst, ist das Pumpen deines Blutes, das ununterbrochen durch deinen Körper zirkuliert. Es beliefert deine Zellen mit Sauerstoff und Nährstoffen und transportiert Abfallstoffe fort. Es befördert Hormone zu ihren Bestimmungsorten und hilft bei der Bekämpfung von Krankheiten. Dabei strömt es durch ein riesiges Netzwerk aus Blutgefäßen. Der Motor, der es antreibt, ist dein Herz.

Dein Herz ist etwas größer als deine Faust. Sein einzigartiges Muskelgewebe wird nie müde und legt nie eine Ruhepause ein. Es sorgt dafür, dass das Blut ununterbrochen durch den Körper fließt.

Wenn dein Körper mehr Energie braucht, reagiert das Herz. Du brauchst nur ein paar Minuten zu rennen, um zu spüren, wie es klopft. Das kräftigere Pumpen beschleunigt den Blutkreislauf. Sauerstoffreiches Blut fließt aus dem Herzen in die Arterien und beliefert die Zellen mit Sauerstoff und Nährstoffen. Es nimmt Kohlendioxid und andere Abfallprodukte auf und kehrt durch die Venen zum Herzen zurück. Unterwegs wird das Blut von der Leber und den Nieren gefiltert. Das zurückkehrende Blut fließt ins Herz. Die Herzmuskeln ziehen sich zusammen und befördern das Blut in die Lungen, wo Kohlendioxid abgeladen und frischer Sauerstoff aufgenommen wird. Danach fließt es ins Herz zurück und macht sich dann erneut auf seinen Weg durch den Körper.

SEI AKTIV!

Wasser schöpfen

Bei jedem Schlag pumpt dein Herz ungefähr 70 Milliliter Blut in deine Arterien. Das tut es 60 bis 80 mal pro Minute. Probiere es selbst aus.

1. Nimm zwei Eimer und einen kleinen Messbecher. Fülle einen der Eimer mit Wasser.
2. Versuche, in einer Minute 70 Messbecher Wasser von einem Eimer in den anderen umzufüllen. Wie fühlt sich dein Arm an, wenn die Minute um ist? Dein Herzmuskel arbeitet dein ganze Leben lang so schwer, und zwar pausenlos.

ABHÖREN

Ärzte können das Herz mit einem Stethoskop abhören. Ungewöhnliche Geräusche deuten darauf hin, dass sich die Herzklappen nicht normal öffnen oder schließen. Wenn ein Herzklappenfehler vorliegt, kann das Herz nicht richtig funktionieren.

INSIDESTORY
Herzoperation

Der Ort ist das Provident Hospital in Chicago, USA. Ein Mann hat eine Stichwunde, die das Herz getroffen hat. Dr. Daniel Hale Williams öffnet seinen Brustkorb und schließt die Wunde. Hört sich an wie ein alltäglicher Vorgang? Das war es keineswegs, denn das ist 1893 passiert, und Dr. Williams hatte gerade die erste erfolgreiche Herzoperation durchgeführt. Heute können die Ärzte nicht nur Herzen reparieren, sondern sogar durch andere ersetzen.

DURCH DICK UND DÜNN

Die kleinsten Blutgefäße sind die Kapillaren. Da ihre Wände nur eine Zelle dick sind, können Nährstoffe durch sie hindurch mühelos in die Zellen des Körpergewebes gelangen. Arterien und Venen sind wesentlich dicker und kräftiger. Ihre Wände bestehen aus drei Schichten: Hülle, Muskelgewebe und Innengewebe. Sie sind durch dünne Häutchen voneinander getrennt.

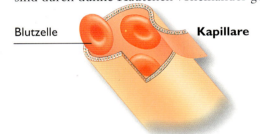

Blutzelle — Kapillare

DIE HELFER DES HERZENS

Arterien führen Blut vom Herz fort. Ihre dicken, elastischen Muskeln treiben das Blut voran. Außerdem erzeugen sie ein Gas – Stickstoffoxid –, das die Muskeln entspannt, so dass das Blut besser fließen kann.

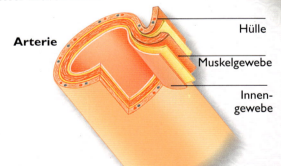

Arterie — Hülle, Muskelgewebe, Innengewebe

RÜCKREISE

Venen befördern das Blut zum Herz zurück. Die Venen in den Armen und Beinen haben Klappen, die verhindern, dass das Blut in sie absackt.

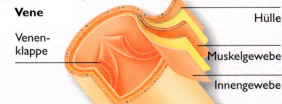

Vene — Venenklappe — Hülle, Muskelgewebe, Innengewebe

Wörterbuch

Jeder Herzschlag erzeugt ein Pochen in den Arterien. Das ist der **Puls**, den du an deinem Handgelenk fühlen kannst. (Von lateinisch *Pulsus* = Stoß). Der Herzschlag wird vom **Schrittmacher**, einem speziellen Gewebe im Herzen, gesteuert. Wenn der natürliche Schrittmacher nicht mehr zuverlässig arbeitet, kann ein künstlicher eingesetzt werden.

Schon gewusst?

- Die meisten Kapillaren sind so dünn, dass die roten Blutzellen sie nur in Einerreihe passieren können.
- Wachsen ist Schwerarbeit und erfordert zusätzliche Energie. Deshalb schlägt das Herz eines Kindes schneller als das eines Erwachsenen. Das Herz eines Erwachsenen schlägt etwa 70 mal pro Minute, das eines Kindes 90 mal und das eines Babys 120 mal.

Wegweiser

- Im Laufe eines Jahres schlägt das Herz fast 40 Millionen mal. Bei jedem Schlag werden etwa fünf Esslöffel (70 ml) Blut in die Arterien gepumpt. Mehr über Blut steht auf Seite 56-57.
- Dein Körper hat ein zweites Transportsystem. Es ist auf Seite 58-59 beschrieben.
- Gehirnzellen sterben ab, wenn die Blutzufuhr ein paar Minuten unterbrochen ist. Mehr über das Gehirn auf Seite 16-17.

ZWEI PUMPEN IN EINER

Die vier Kammern deines Herzens bilden zwei Pumpen. Die rechte pumpt Blut aus dem Körper in die Lungen. Die linke pumpt sauerstoffreiches Blut aus den Lungen in den Körper.

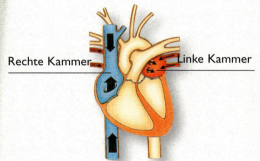

Rechte Kammer — Linke Kammer

BLUT HEREIN
Die oberen Herzkammern, Vorhöfe genannt, entspannen sich. Sauerstoffarmes Blut aus dem Körper fließt in den rechten Vorhof. Der linke Vorhof füllt sich mit sauerstoffreichem Blut aus den Lungen.

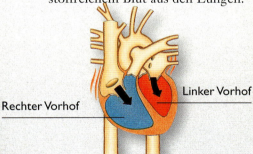

Rechter Vorhof — Linker Vorhof

KLAPPEN AUF
Die Vorhöfe ziehen sich zusammen. Blut drückt die zu den Pumpkammern des Herzens führenden Klappen auf, und die Kammern füllen sich mit Blut.

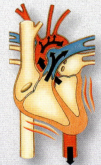

BLUT HERAUS
Die Kammern ziehen sich zusammen. Die Klappen öffnen sich und lassen das Blut in die Arterien fließen. Wenn sich die Klappen wieder schließen, erzeugen sie das Geräusch des Herzschlags, das vertraute „bumm-bumm".

Obere Hohlvene
Hauptschlagader (Aorta)
Herz

DURCHGANGSVERKEHR

Die Blutgefäße sind das Straßennetz des Körpers. Die großen Venen und Arterien sind die Autobahnen. Sie münden in kleinere Venen und Arterien, die Landstraßen, die in jeden Teil des Körpers führen. Die winzigen Kapillaren sind die Feldwege. Sie stehen mit den Venen und Arterien in Verbindung und versorgen sämtliche Zellen des Körpers.

Folge dem Fluss des Blutes

Was befindet sich in deinem Blut? Was tut das Blut für dich? Was passiert, wenn es durch deinen Körper fließt? Du erfährst es, wenn du mit „emsiges Blut" beginnst und dann den Markierungen folgst.

Es liegt im Blut

WIE IN EINEM TROPFEN Wasser aus einem Teich wimmelt es auch in deinem Blut von Leben. Millionen von Blutzellen wandern in einem Meer aus strohfarbenem Plasma durch deinen Körper. Mehr als die Hälfte des Blutes besteht aus Plasma. Es befördert die Nährstoffe zu den Zellen und transportiert Abfallstoffe ab.

Die Hauptpassagiere des Plasmas sind die roten Blutzellen. Sie sind gewissermaßen der Kurierdienst des Körpers. Sie erscheinen bei anderen Zellen, laden Sauerstoff ab und nehmen Kohlendioxid mit. Die roten Blutzellen sehen aus wie Reifen mit Einbuchtungen anstelle von Löchern.

Auch weiße Blutzellen sind im Blut ständig unterwegs. Ihre Aufgabe ist es, den Körper vor Eindringlingen zu schützen. Einige halten in speziellem Gewebe Wache, andere streifen umher, bis du dich verletzt hast oder krank wirst. Dann eilen sie in das betroffene Gewebe und bekämpfen die Krankheitserreger.

Die Blutplättchen, ein weiterer Bestandteil des Plasmas, sind keine vollständigen Zellen, sondern Bruchstücke von bestimmten weißen Blutzellen. Wenn du blutest, setzen sie den Gerinnungsprozess in Gang und leisten damit dem Körper einen wichtigen Dienst. Sie sorgen dafür, dass das Blut in seinen Gefäßen bleibt und seine lebenserhaltenden Aufgaben auch weiterhin erfüllen kann.

INSIDESTORY
Verklebtes Blut

Die Instrumente des Chirurgen liegen griffbereit auf dem Tablett – Skalpell, Pinzetten und Klebstoff. Klebstoff? Jawohl. Chirurgischer Klebstoff enthält dieselben Gerinnungschemikalien wie der menschliche Körper – Fibrinogen und Thrombin. Wenn Blut austritt, verbinden sie sich zu Fibrin, das ein Netz aus dünnen Fäden bildet, in dem sich die Blutzellen fangen. Auch der chirurgische Klebstoff bildet Fibrin. Er wird verwendet, um die Blutung aus schwer verschließbaren Gefäßen zu stoppen, und auch bei Hauttransplantationen.

EMSIGES BLUT
Blut befördert Hunderte von wichtigen Substanzen durch deinen Körper. Deshalb verraten Blutuntersuchungen so viel über deine Gesundheit.

WESHALB IST BLUT ROT?
Die roten Blutzellen geben dem Blut seine Farbe. Sie enthalten das eisenhaltige Hämoglobin, das Sauerstoff aufnimmt und sich dabei hellrot färbt.

BLUT BEFÖRDERT
- Zucker, Eiweiß und Salze
- Vitamine und Mineralien
- Abfallprodukte
- Hormone
- Keimtötende Chemikalien
- Sauerstoff und Kohlendioxid

DÜNNES BLUT
Anämie oder Blutarmut ist eine Krankheit, bei der der Körper nicht genügend rote Blutzellen produzieren kann.

DIE PUMPE
Das Herz sorgt dafür, dass das Blut durch den Körper zirkuliert.

BLUTZELLEN GEWÜNSCHT?
Beim Reinigen des Blutes kontrollieren die Nieren auch seinen Sauerstoffgehalt. Wenn er zu tief absinkt, weisen sie das Knochenmark an, mehr rote Blutzellen zu bilden.

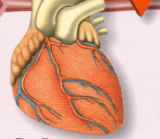

DIE LIEFERANTEN
Die roten Blutzellen befördern Sauerstoff in Gewebe und transportie[ren] schädliche Gase ab. Auf jede weiße kommen 700 rote Blutzellen.

Wörterbuch
Wenn du eine Bluttransfusion brauchst, muss der Arzt vorher feststellen, welche **Blutgruppe** du hast. Sie wird anhand von bestimmten Merkmalen der Blutzellen mit A oder B bezeichnet. Deine Blutgruppe kann A, B, AB (wenn beide Merkmale vorhanden sind) oder 0 sein (wenn beide fehlen).

Schon gewusst?
• Sämtliche Blutplättchen im Körper würden kaum zwei Teelöffel füllen. Trotzdem hast du Milliarden von ihnen.
• Für die Farbe des Kots sind in erster Linie tote rote Blutzellen verantwortlich.
• Weiße Blutzellen sind nicht weiß, sondern durchsichtig.
• Alle Blutgefäße zusammen haben eine Länge von 96 000 Kilometern.

Wegweiser
• Die Knochen produzieren Blutzellen. Was tun sie außerdem? Lies nach auf Seite 40-41.
• Bevor sie stirbt, wandert jede rote Blutzelle 300 000 mal durch den Körper. Mehr über Zellen steht auf Seite 10-11.
• Deine weißen Blutzellen greifen Krankheitserreger an. Wie sie das tun, erfährst du auf Seite 58-59.

WANN IST DEIN BLUT BLAU?
Wenn das Hämoglobin seinen Sauerstoff abgeladen hat, verliert es seine hellrote Farbe und sieht blau aus. Das kannst du in deinen Venen sehen.

KLUMPENBILDUNG
Blutplättchen setzen Chemikalien frei, aus denen Fibrin entsteht. Die Fibrinfäden fangen Plättchen und rote Zellen ein (rechts). Es bildet sich ein Klumpen, der die Blutung stoppt.

WIEVIEL BLUT BRAUCHST DU?
○ 2 Liter
○ 12 Liter
✓ 4,5 Liter

So viel Blut fließt gerade jetzt durch deinen Körper.

Dein Blut. Plasma macht 55 Prozent deines Blutes aus. Es besteht überwiegend aus Wasser.

LEBERPFLICHTEN
Die Leber entgiftet das Blut. Außerdem verarbeitet sie Nährstoffe und entlässt sie dann wieder in den Blutkreislauf.

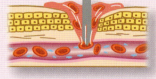

RETTUNGSMANNSCHAFT
Au! Verletzte Zellen fordern Hilfe an. Blutplättchen verkleben und versiegeln die Wunde.

SCHÜTZENDER SCHORF
Fibrin, eingefangene Zellen und Blutplättchen verhärten zu einem schützenden Schorf. Der Heilungsprozess setzt ein.

UNTERSCHIEDE
Das Blut, das du von einem Spender bekommst, muss zu deinem Blut passen, sonst wird es abgestoßen. Deine Blutgruppe entscheidet darüber, welches fremde Blut du verträgst.

Die roten Blutzellen machen 45 Prozent deines Blutes aus.

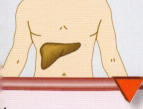

ABFALLBESEITIGER
Die Milz entfernt tote rote Blutzellen aus dem Blutkreislauf. Außerdem werden in ihr bestimmte weiße Blutzellen gebildet.

WAS TUN BLUTBLÄTTCHEN?
Ohne Blutplättchen könntest du verbluten. Sie versammeln sich überall dort, wo eine Verletzung eingetreten ist. Dann sorgen sie dafür, dass die Blutung gestoppt wird.

AUF PATROUILLE
Weiße Blutzellen unter dem Schorf vernichten Krankheitserreger und verhindern eine Infektion.

LEBENSRETTER
Gespendetes Blut wird in Blutbänken getestet und gelagert.

Weiße Blutzellen und Blutplättchen haben einen Anteil von weniger als einem Prozent.

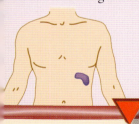

RUHE SANFT
Die meisten Blutzellen sind kurzlebig. Die Lebensdauer einer roten Zelle beträgt etwa 120 Tage. Manche der weißen Blutzellen leben nur ungefähr eine Woche. Sie sterben, während sie dich beschützen.

DIE VERTEIDIGER
Die weißen Blutzellen sind die Beschützer des Körpers. Sie spüren Eindringlinge auf, umzingeln und vernichten sie. Nach einer Schlacht mit Viren, Bakterien oder anderen Fremdkörpern beseitigen sie den Abfall.

NEUES BLUT
Verlorenes Blut wird rasch ersetzt. Das Knochenmark produziert in jeder Sekunde eine Million rote Blutzellen.

NOTFALL!
Diesmal bist du schwer verletzt. Du musst operiert werden. Du verlierst mehr Blut, als dein Körper liefern kann. Du brauchst schnell frisches Blut. Das kommt von einem Spender.

Keime können sich in einem Haarfollikel festsetzen und eine Infektion verursachen. Dabei kann sich ein Furunkel bilden.

Schutzmechanismen

AU! EINE BIENE STICHT ZU. Du spürst Schmerz. Blut strömt in deinen Finger. Er wird rot und schwillt an. Dein Immunsystem ist zum Angriff übergegangen. Das Immunsystem schützt dich vor Giften und Krankheitserregern und hilft beim Heilen von Verletzungen. Es besteht aus den weißen Blutzellen, den Chemikalien, die sie bilden, und den Organen, die sie produzieren. Ein Teil der weißen Blutzellen ist in Geweben stationiert. Sie greifen alle schädlichen Substanzen an, die in ihre Nähe kommen. Andere patrouillieren durch den Körper. Sie eilen zu verletzten Stellen, machen Bakterien und Viren ausfindig und vernichten sie.

Jeder Eindringling und jede Verletzung kann im Immunsystem Großalarm auslösen. Die Folge ist heißes, rotes, geschwollenes Gewebe. Aber dein Körper greift auch eingedrungene Zellen an, die eine unverwechselbare chemische Struktur haben, die als Antigen bezeichnet wird. Anhand des Antigens kann das Immunsystem die Guten, deine eigenen Zellen, von den Bösen unterscheiden. Spezielle Immunzellen erkennen jedes mögliche Antigen. Sie werden B- und T-Zellen genannt und wandern auf der Suche nach Eindringlingen durch den Körper. Wenn sie einen gefunden haben, vermehren sie sich rapide und bilden eine Armee. T-Zellen töten direkt. B-Zellen kennzeichnen den Feind mit Chemikalien, die Antikörper genannt werden, dann wird er von anderen Zellen vernichtet. Beim ersten Mal sind noch nicht viele Antikörper vorhanden, und du kannst krank werden. Aber beim nächsten Mal haben die Eindringlinge keine Chance. Deshalb kann man Krankheiten wie Windpocken nicht zweimal bekommt.

KAMPFBEREIT

Eine Armee von Spezialisten steht zu deinem Schutz bereit. Das sind verschiedene Typen von weißen Blutzellen (auf der Abbildung cremefarben dargestellt). Jeder Typ erfüllt eine bestimmte Aufgabe. Neutrophile Granulozyten vernichten Krankheitserreger am Ort einer Verletzung. Lymphozyten, zu denen die B- und T-Zellen gehören, machen Jagd auf Antigene. Die großen Makrophagen oder Fresszellen verschlingen Krankheitserreger.

Makrophagen reagieren auf einen Großalarm des Immunsystems. Sie sind die größten weißen Blutzellen und „fressen" Eindringlinge auf.

INSIDESTORY
Schutzimpfung

Im Jahre 1796 stieß Edward Jenner eine Nadel in den Arm von James Phipps. Dabei infizierte er den Achtjährigen mit den relativ harmlosen Kuhpocken. James wurde krank. Jenner wartete eine Weile, dann gab er James eine weitere Spitze. Diesmal infizierte er ihn mit dem Virus, das die Echten Pocken auslöst, eine Krankheit, an der damals Millionen Menschen starben. Aber James wurde nicht krank. Jenner hatte den ersten Impfstoff der Welt gefunden. Er funktionierte, weil Kuhpocken und Echte Pocken dieselben Antigene haben. Diese Antigene aktivierten James' Immunsystem. Es produzierte Zellen, die den Feind, das Antigen, „kannten".

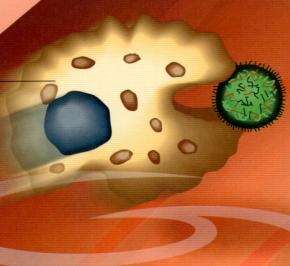

Wörterbuch

Auf den ersten Blick haben Kühe wenig mit deiner Gesundheit zu tun. Aber die Impfstoffe, die dich vor Krankheiten schützen, sind nach ihnen benannt. Nach dem lateinischen Wort *vaccinus*, das „von Kühen stammend" bedeutet, werden sie **Vakzine** genannt. Weshalb? Weil das allererste Vakzin aus Eiter in Kuhpocken-Blasen gewonnen wurde. Es schützt Menschen vor den Echten Pocken.

Schon gewusst?

• Haut, Schleim und Speichel stehen bei der Verteidigung des Körpers an vorderster Front. Sie halten Keime fern.
• T-Zellen reifen in der Thymusdrüse heran. Aber diese Drüse wird mit zunehmendem Alter kleiner. Bei Kindern hat sie die Größe einer Zitrone, bei Erwachsenen nur noch die einer Eichel.
• Gehirn und Immunsystem „reden" miteinander. Gefühle und Stressbelastung können darüber entscheiden, wie gut das Immunsystem arbeitet.

Wegweiser

• Allergien können erblich sein. Mehr über Vererbung steht auf Seite 12-13.
• Das Lymphsystem bekämpft nicht nur Krankheiten, sondern reguliert auch den Wasserhaushalt des Körpers. Weshalb er wichtig ist, erfährst du auf Seite 50-51.
• Auch bei der Verdauung spielte Lymphe eine wichtige Rolle. Sie befördert Fette in den Verdauungskanal. Informiere dich auf Seite 48-49 über die Verdauung.
• Wird es in Zukunft „Pflanzenvakzine" geben? Finde es auf Seite 60-61 heraus.

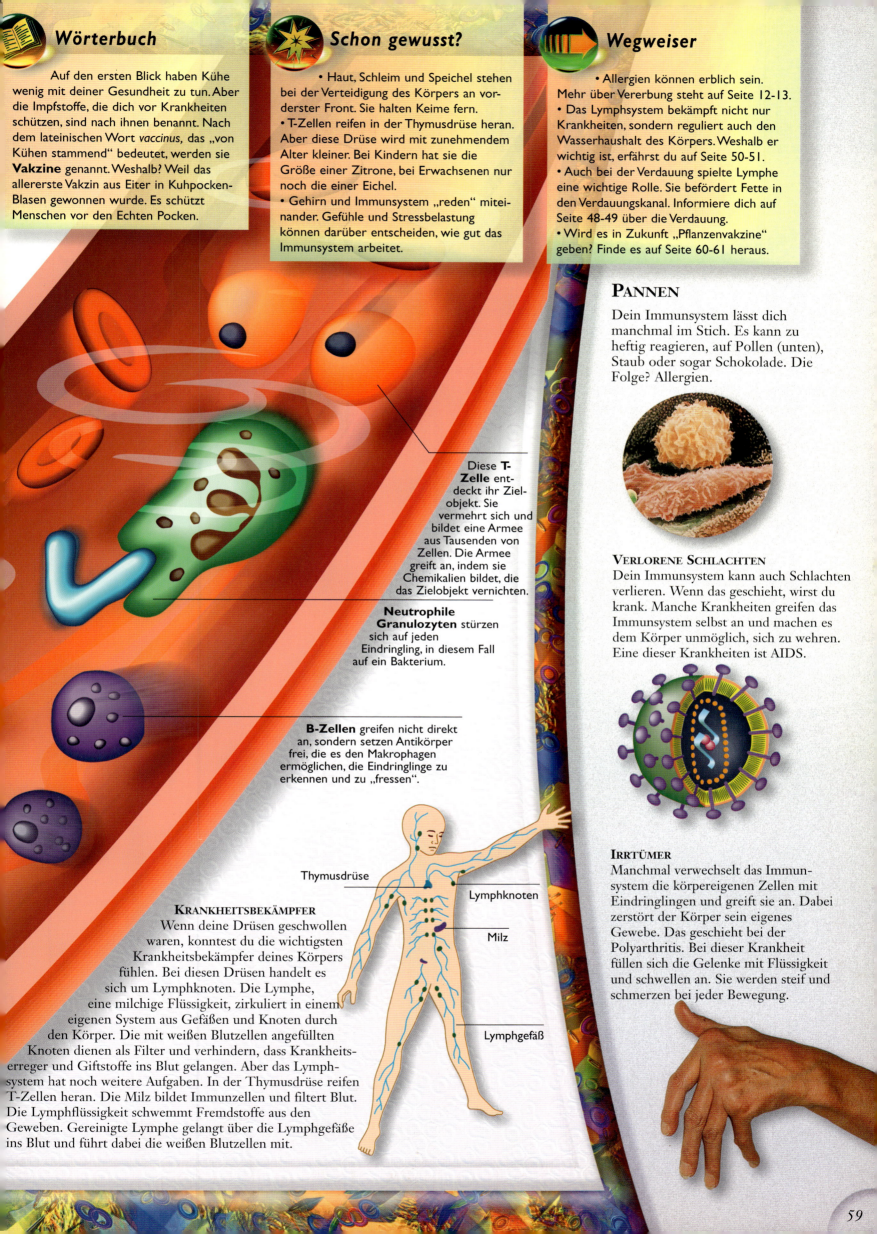

Diese **T-Zelle** entdeckt ihr Zielobjekt. Sie vermehrt sich und bildet eine Armee aus Tausenden von Zellen. Die Armee greift an, indem sie Chemikalien bildet, die das Zielobjekt vernichten.

Neutrophile Granulozyten stürzen sich auf jeden Eindringling, in diesem Fall auf ein Bakterium.

B-Zellen greifen nicht direkt an, sondern setzen Antikörper frei, die es den Makrophagen ermöglichen, die Eindringlinge zu erkennen und zu „fressen".

Krankheitsbekämpfer

Wenn deine Drüsen geschwollen waren, konntest du die wichtigsten Krankheitsbekämpfer deines Körpers fühlen. Bei diesen Drüsen handelt es sich um Lymphknoten. Die Lymphe, eine milchige Flüssigkeit, zirkuliert in einem eigenen System aus Gefäßen und Knoten durch den Körper. Die mit weißen Blutzellen angefüllten Knoten dienen als Filter und verhindern, dass Krankheitserreger und Giftstoffe ins Blut gelangen. Aber das Lymphsystem hat noch weitere Aufgaben. In der Thymusdrüse reifen T-Zellen heran. Die Milz bildet Immunzellen und filtert Blut. Die Lymphflüssigkeit schwemmt Fremdstoffe aus den Geweben. Gereinigte Lymphe gelangt über die Lymphgefäße ins Blut und führt dabei die weißen Blutzellen mit.

Thymusdrüse
Lymphknoten
Milz
Lymphgefäß

Pannen

Dein Immunsystem lässt dich manchmal im Stich. Es kann zu heftig reagieren, auf Pollen (unten), Staub oder sogar Schokolade. Die Folge? Allergien.

Verlorene Schlachten

Dein Immunsystem kann auch Schlachten verlieren. Wenn das geschieht, wirst du krank. Manche Krankheiten greifen das Immunsystem selbst an und machen es dem Körper unmöglich, sich zu wehren. Eine dieser Krankheiten ist AIDS.

Irrtümer

Manchmal verwechselt das Immunsystem die körpereigenen Zellen mit Eindringlingen und greift sie an. Dabei zerstört der Körper sein eigenes Gewebe. Das geschieht bei der Polyarthritis. Bei dieser Krankheit füllen sich die Gelenke mit Flüssigkeit und schwellen an. Sie werden steif und schmerzen bei jeder Bewegung.

59

HELFENDE GENE
Gene werden möglicherweise zu unserer Gesundheit beitragen. Eines Tages werden die Ärzte imstande sein, anhand von Gentests die geeignetsten Medikamente auszuwählen und außerdem kranke oder fehlende Gene zu ersetzen, die bei Krankheiten wie Krebs eine Rolle spielen.

SCHAFSKOPIEN
Geklonte Schafe könnten sich zu Medikamentenfabriken entwickeln. Ihre Gene werden so verändert, dass die Schafe die Wirkstoffe in ihrer Milch produzieren.

Unsere Zukunft

WAS KANN UNS EINE MUMIE über den Körper der Zukunft verraten? Mehr, als du glaubst. Mit Hilfe der modernen bildgebenden Verfahren ist es Wissenschaftlern gelungen, unter die Hüllen einer Mumie zu schauen. Sie fanden die Überreste eines Körpers, der dem unseren sehr ähnlich ist. Sie entdeckten auch unsere Krankheiten. Die alten Ägypter litten wie wir an Arthritis und Karies, und sie starben an Herzinfarkten und Schlaganfällen.

Der menschliche Körper hat sich in den letzten 5000 Jahren kaum verändert. Und es ist auch nicht damit zu rechnen, dass er es in den nächsten paar tausend Jahren tun wird. Wir werden dann immer noch aufrecht gehen, uns mit allen fünf Fingern durch die Haare fahren, schlafen, träumen und uns verlieben. Aber wir werden länger leben und weniger krank werden. In dem Maße, in dem die Wissenschaftler die Geheimnisse des Körpers entschlüsseln, wächst auch ihre Fähigkeit, unsere Gesundheit zu verbessern. Neue Impfstoffe könnten tödliche Krankheiten wie Krebs oder AIDS verhindern. Lebensmittel – von Cornflakes bis zu Kaugummi – könnten so präpariert werden, dass sie die Gesundheit fördern. Eine Lebensspanne von 120 Jahren wäre dann nichts Außergewöhnliches mehr, und manche Wissenschaftler glauben, dass wir noch älter werden könnten.

So lange unser Leben auch währen mag, es wird nicht frei von Krankheiten sein. Neue Viren werden unser Immunsystem überlisten. Aber die Instrumente, mit denen wir sie bekämpfen, sind uns heute noch so unbekannt wie Impfstoffe und Computertomographen unseren Vorfahren.

KÜNFTIGE HEILUNGSMETHODEN
Könnten Plastikmuskeln beschädigte ersetzen? Könnten ins Gehirn eingesetzte Nervenzellen durch Herzinfarkt oder Hirnerkrankungen verusachte Schäfen heilen? Könnten Zellen eines Menschen im Labor gezüchtet und dann zur Reparatur seines beschädigten Gewebese benutzt werden? Vielleicht. Auf diesem Gebiet wird geforscht. Schon ist es möglich, Knorpel bildende Zellen im Labor zu züchten. Diese Zellen werden dann in den Körper eingepflanzt und produzieren neuen Knorpel.

 INSIDESTORY

Fernoperationen

Die Chirurgin bereitet sich auf die Operation vor. Sie streift Handschuhe über. Aber diese Handschuhe sind nicht dünn und steril, sondern von Drähten durchzogen, die Druck übertragen. Die Chirurgin lässt sich vor ihrem Computer nieder. Ihre Hände ergreifen zwei Joysticks. Sie ist bereit. Ihr Patient ist es auch. Er liegt in einem Operationssaal, Tausende von Kilometern weit entfernt. Roboterarme schweben über seiner Niere. Die Chirurgin betätigt die Joysticks, der Roboter operiert. Scienceficton? Keineswegs. Schon jetzt haben Chirurgen Fernoperationen durchgeführt. Eines Tages werden sie Routine sein.

Auch in anderer Hinsicht können Roboter den Chirurgen helfen. Roboterfinger können in Öffnungen greifen, die für menschliche Hände zu klein sind. In der Zukunft werden sie für immer kompliziertere Operationen eingesetzt werden.

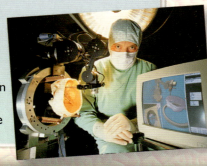

SUPERWISSENSCHAFT
Ein Reitunfall brachte Hollywood-„Superman" Christopher Reeve in den Rollstuhl. Sein Rückenmark wurde verletzt, und er ist vom Hals abwärts gelähmt. Wird er je wieder laufen können? Vielleicht. Die Wissenschaftler suchen nach Möglichkeiten, beschädigte Nerven zu heilen und neue wachsen zu lassen. Sie entwickeln winzige Computer, die die Arbeit der Nerven übernehmen und so Muskeln bewegen. Vielleicht kann „Superwissenschaft" dem „Superman" helfen.

Wörterbuch

Ein **Klon** ist die exakte Kopie eines Lebewesens. Er entsteht aus einer einzigen Zelle des Originals. Wissenschaftler haben bereits Kühe und Schafe geklont. Werden sie es eines Tages auch mit Menschen tun? Wenn sie es könnten, würden sich Original und Klon nie bis ins letzte Detail gleichen, denn Geist und Körper jedes Menschen sind einzigartig.

Schon gewusst?

• Die Menschen sind heute durchweg 8 Zentimeter größer als vor 200 Jahren. Weshalb? Bessere Ernährung.
• Unsere Zellen haben eingebaute Zeituhren. Sie vermehren sich eine vorgegebene Zahl von Malen, dann sterben sie. Im Labor haben Wissenschaftler diese Uhren verstellt und die Zellen länger am Leben gehalten. Eines Tages können sie so vielleicht den Alterungsprozess verlangsamen.

Wegweiser

• Neue Kontaktlinsen könnten unser Sehvermögen erheblich steigern. Mehr über Augen steht auf Seite 20-21.
• Die Gentherapie könnte kahle Köpfe und graues Haar zu einer Sache der Vergangenheit machen. Warum fallen Haare aus oder werden grau? Die Antwort steht auf Seite 36-37.

ADIEU, SPRITZE

Eines Tages könnten Obst und Gemüse eine Spritze in den Arm ersetzen. Wissenschaftler arbeiten an speziellen „Pflanzenvakzinen". Anstelle mit einer Spritze würdest du dann eine Dosis des Impfstoffes in deiner Nahrung zu dir nehmen. Auch Diabetiker könnten ihrer Spritze Adieu sagen. Insulin-Inhaliergeräte werden bereits erprobt.

61

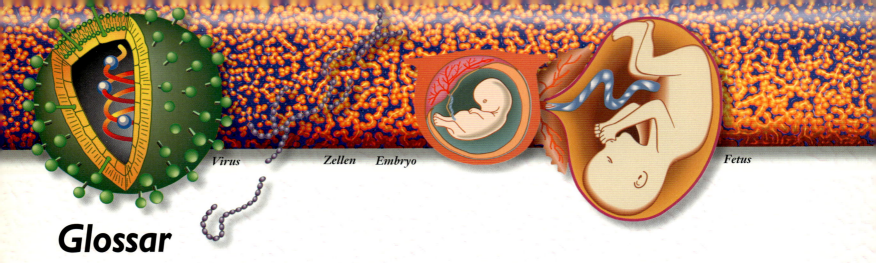

Virus   Zellen   Embryo   Fetus

Glossar

Absorption Der Übertritt einer Substanz von einem Teil des Körpers in einen anderen durch eine dünne Barriere, zum Beispiel der von verdauter Nahrung durch die Wände des Dünndarms ins Blut.

Alveolen Winzige Bläschen in den Lungen, deren Wände von Blutgefäßen durchzogen sind. Zwischen den Alveolen und den Blutgefäßen werden Gase ausgetauscht.

Antikörper Eine Eiweißverbindung, die von speziellen Blutzellen gebildet wird und bei der Bekämpfung von Krankheitserregern hilft.

Arterie Ein Blutgefäß mit muskulöser Wand, das frisches (sauerstoffreiches) Blut vom Herzen hinwegführt.

Axon Der lange Arm eines Neurons, der Botschaften an die nächste Nervenzelle übermittelt. Die Botschaften werden in Form von elektrischen Impulsen weitergeleitet.

Bänder (Ligamente) Flexibles Gewebe, das in einem Gelenk einen Knochen mit einem anderen verbindet. Auch die Zähne sind mit Bändern in den Kieferknochen verankert.

Bakterien Einzellige Lebewesen. Manche Bakterien sind dem Menschen nützlich, andere sind Krankheitserreger.

Befruchtung Die Vereinigung einer männlichen und einer weiblichen Geschlechtszelle.

Blutzellen Die beiden Typen von Zellen, aus denen ein Teil des Blutes besteht. Rote Blutzellen versorgen andere Zellen mit Sauerstoff und transportieren Kohlendioxid ab. Weiße Blutzellen bekämpfen Fremdstoffe, die in den Körper eingedrungen sind.

Bolus Ein Klumpen durchgekauter Nahrung, der beim Schlucken in die Speiseröhre gelangt.

Chromosomen Strukturen, die DNS und Eiweißverbindungen enthalten und genetische Informationen speichern. Menschen haben 46 Chromosomen. Sie befinden sich in den Kernen der Zellen.

DNS Das Molekül, in dem die Gene gespeichert sind. Es sieht aus wie eine verdrehte Leiter. DNS ist die Abkürzung von Desoxyribonukleinsäure.

Drüsen Organe, die Hormone, Schweiß, Speichel und andere Substanzen produzieren und ausschütten.

Embryo Ein ungeborener Organismus im Frühstadium seiner Entwicklung. Bei Menschen ist das die Phase zwischen der ersten und der achten Lebenswoche in der Gebärmutter.

Endokrines System Das Netzwerk der Drüsen im Innern des Körpers, die Hormone produzieren und ausschütten.

Entzündung Eine Reaktion des Körpers auf eine schädliche Substanz oder eine Verletzung. Merkmale einer Entzündung sind gewöhnlich Schwellungen, Schmerzen und Fieber.

Enzym Eine Substanz, die auf eine andere einwirkt und sie verändert. Die Nahrung wird mit Hilfe von Enzymen aufgespalten.

Fetus Ein ungeborener Organismus in den späteren Stadien seiner Entwicklung. Beim Menschen ist das die Spanne von der neunten Schwangerschaftswoche bis zur Geburt.

Follikel Winzige Hautvertiefungen wie zum Beispiel die, aus denen Haare wachsen.

Gamet Eine Geschlechtszelle – ein Ei oder ein Spermium.

Gene Die Träger der Anlagen, die von Eltern auf ihre Kinder vererbt werden. Die Gene sind in den Chromosomen gespeichert.

Gewebe Ein Verbund von gleichartigen Zellen, der eine bestimmte Aufgabe zu erfüllen hat.

Harnleiter Die beiden Gefäße, in denen der Urin aus den Nieren in die Blase gelangt.

Harnröhre Das Gefäß, durch das der Urin den Körper verlässt.

Harnstoff Eine chemische Verbindung, die vom Körper ausgeschieden wird und dem Urin seine Farbe gibt.

Immun In der Lage, Bakterien, Viren und andere Krankheitserreger so zu bekämpfen und zu vernichten, dass sie dem Körper nicht schaden können.

Implantieren In den Körper einsetzen. Bei Versagen des natürlichen Herzschrittmachers zum Beispiel kann ein künstlicher implantiert werden.

Kapillaren Die kleinsten Blutgefäße. Kapillaren versorgen sämtliche Gewebezellen mit Blut.

Keratin Eine Eiweißverbindung, die Haut, Haare und Nägel widerstandsfähiger macht.

Klappe Ein Ventil im Herz oder in einem Blutgefäß, das sich nur in eine Richtung öffnet, so dass das Blut nicht rückwärts fließen kann.

Knorpel Ein flexibles und gleichzeitig widerstandsfähiges Körpergewebe. Es bildet einen Teil des Körpergerüsts und überzieht die Enden mancher Knochen.

Kohlendioxid Ein gasförmiges Abfallprodukt, das sich in den Zellen bildet, wenn sie Energie verbrauchen. Es wird mit dem Blut in die Lungen befördert und dann ausgeatmet.

Lymphe Eine blassgelbe Flüssigkeit, die zum großen Teil aus weißen Blutzellen besteht und bei der Bekämpfung von Infektionen eine wichtige Rolle spielt. Sie zirkuliert in speziellen Gefäßen durch den Körper.

Lymphknoten Kleine Organe, die Lymphe filtern und weiße Blutzellen speichern.

Lymphozyten Ein Typ von weißen Blutzellen.

Mark Der innere Teil eines Körperorgans wie zum Beispiel eines Knochens, eines Zahns oder einer Niere.

Niere   Neurone

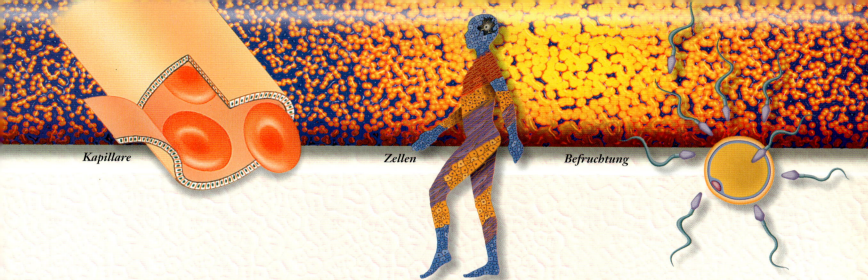

Kapillare   *Zellen*   *Befruchtung*

Melanin Ein körpereigener Farbstoff (ein Pigment). Es ist für die Farbe von Haut, Augen und Haaren verantwortlich. Je mehr Melanin vorhanden ist, desto dunkler ist die Haut.

Meningen Die Häute, die das Gehirn und das Rückenmark umhüllen und schützen.

Menstruation Der Abbau und die Ausscheidung von Teilen der Gebärmutter-Schleimhaut, die allmonatlich stattfindet, wenn kein Ei befruchtet worden ist.

Myelin Eine Substanz in der Markscheide (Myelinscheide), die die Axone von Nerzenvellen umhüllt.

Myofibrillen Fasern im Innern von Muskelzellen.

Nährstoff Eine Substanz, die der Körper zur Energieerzeugung, zum Wachsen und zur Erneuerung nutzen kann.

Nerven Bündel aus langen, dünnen Neuronen, die das Gehirn mit allen Teilen des Körpers verbinden.

Neuron Eine Nervenzelle.

Neurotransmitter Eine chemische Verbindung, die Botschaften über den Raum zwischen zwei Neuronen (die Synapse) befördert.

Oberhaut (Epidermis) Die oberste Hautschicht.

Organ Eine Gewebe oder ein Verbund aus unterschiedlichen Geweben mit einer speziellen Funktion. Herz, Magen und Nieren sind Organe.

Organellen Die Teile einer Zelle. Jede Organelle hat eine bestimmte Funktion.

Plasma Die helle, wässrige Flüssigkeit, aus der der größte Teil des Blutes besteht. Es befördert Nährstoffe, Hormone und keimtötende Substanzen zu den Zellen und transportiert Abfallprodukte ab.

Plazenta Ein Organ im Innern der Gebärmutter, das den sich entwickelnden Fetus mit Sauerstoff und Nährstoffen versorgt. Die Plazenta wird nach der Geburt ausgestoßen.

Proteine Eiweißverbindungen, die im ganzen Körper eine wichtige Rolle spielen, darunter beim Aufbau der Zellen.

Rinde Die Außenschicht eines Organs wie zum Beispiel einer Niere oder des Gehirns.

Sauerstoff Ein Gas, das mit der Atmung in den Körper gelangt und vom Blut zu den Zellen transportiert wird. Sauerstoff hilft den Zellen, die in der Nahrung enthaltene Energie freizusetzen.

Schleim Eine zähflüssige Substanz, die Körperteile wie etwa das Naseninnere feucht hält und schützt.

Schleimhaut Die innere Auskleidung von Organen wie Nase, Mund und Magen.

Schmelz Die harte Außenschicht der Zähne.

Schnecke Der Teil des Innenohrs, in dem Schallwellen in Nervensignale umgewandelt werden.

Schrittmacher Eine Ansammlung von Muskelzellen, von denen die elektrischen Impulse ausgehen, die den Rhythmus des Herzschlags steuern.

Schwangerschaft Die Zeit, während der sich ein Kind im Leib seiner Mutter entwickelt.

Sehne Ein fester, elastischer Gewebestrang, der einen Skelettmuskel mit einem Knochen verbindet.

Speichel Eine Flüssigkeit, die von Drüsen im Mund und im Rachen abgesondert wird und den Verdauungsprozess in Gang setzt.

Stäbchen Lichtempfindliche Rezeptoren in der Netzhaut des Auges. Sie reagieren auch bei schwachem Licht und registrieren Helligkeitsunterschiede, aber keine Farben und feinen Details.

Synapse Der Spalt zwischen zwei Nervenzellen.

System Eine Reihe von Organen, die bei der Bewältigung von Aufgaben im Körper zusammenarbeiten. Ein Beispiel ist das Verdauungssystem.

Transplantieren Das Ersetzen eines beschädigten oder kranken Körperteils durch einen funktionsfähigen von einem Spender.

Unterhaut (Dermis) Der Hauptteil der Haut, der Blutgefäße, Nerven, Schweißdrüsen und Haarwurzeln enthält.

Vene Ein Blutgefäß, das dunkles, sauerstoffarmes Blut zum Herz zurückbefördert.

Virus Ein sehr einfach gebauter Nikroorganismus, der nur innerhalb einer Zelle leben und sich vemehren kann. Viren sind Krankheitserreger.

Vorhöfe Die beiden Kammern des Herzens, in denen sich das ankommende Blut sammelt.

Zapfen Lichtempfindliche Rezeptoren in der Netzhaut des Auges, die Farben und feine Details registrieren. Sie stehen mit Nervenzellen in Verbindung, die ihre Botschaften an das Gehirn weiterleiten.

Zelle Die kleinste Einheit des Körpers, die für sich allein funktionieren kann. Der menschliche Körper ist eine geordnete Masse von Zellen.

Zotten Winzige, fingerförmige Gebilde, die aus der Wand des Dünndarms herausragen.

Zygote Ein gerade befruchtetes Ei.

Harnleiter   *Zapfen und Stäbchen*

Register

A
Abfallprodukte 48-51
Adamsapfel 26
Aderhaut des Auges 21
Adrenalin 28-29
Ahnungen 19
AIDS 59
Akupunktur 8
Albinos 35
Allergien 59
Alveolen 52-53
Alzheimer-Krankheit 18
Amyothrophische
 Lateralsklerose (ALS) 19
Anämie 56
Anatomie 9
Antagonisten 39
Antidiuretisches Hormon
 (ADH) 50
Antigene 58
Antikörper 58
Arterien 54-55
Aspirin 29
Asthma 53
Atmung 52-53
Augen 20-21

B
Backenzähne 45
Bakterien 8, 11, 45, 48
Bänder 43-44
Bandwurm 48
Bauchspeicheldrüse 29, 48
Befruchtung 12-13
Bindegewebe 43
Bindehaut des Auges 21
Blase 50-51
Blinzeln 20-21
Blut 28, 54-59
Blutplättchen 28, 56-57
Bolus 26, 48-49
Bronchiolen 52-53
B-Zellen 58-59

C
Chemischer Sinn 25
Chromosomen 12-13

D
Därme 48-49
Denkvermögen 18-19
Depression 19
Diabetes 21, 28, 61
Dickdarm 48
DNS 10-11
Drehgelenke 42
Dünndarm 48

E
Eckzähne 44
Eierstöcke 12-13, 29
Eileiter 12-13
Eineiige Zwillinge 13, 31
Eizellen 12-13

Embryo 12
Empfängnis 12
Endokrine Drüsen 28
Endoplasmatisches
 Retikulum 11
Energie, aus Nahrung 48-49
Enzyme 48-49
Erkältungen 25
Erröten 35
Eustachische Röhren 23

F
Farbenblindheit 21
Fetus 13, 37
Fibrin 56-57
Fingerabdrücke 35
Fluor 45
Follikel 34-37
Fortpflanzung 12-13
Furunkel 58

G
Galle 49
Gallenblase 48
Gameten 12
Gänsehaut 35
Gaumen 26-27
Gebärmutter 12-13
Geburt 12-13
Gedächtnis 18-19
Gefahr, Reaktion auf 29
Gefühle 17, 35
Gehirn 8-9, 16-19
Gehör 22-23
Geisteskrankheiten 18-19
Gelenke 42-43
Gene 12-13, 31, 36-37, 60
Geruchssinn 24-25
Geschlechtshormone 31
Geschlechtsverkehr 12
Geschmack 26-27
Glaskörper des Auges 21
Gleichgewicht 22
Golgi-Apparat 11
Granulozyten, neutrophile 58
Großhirn 16, 19

H
Haarausfall 37
Haare 36-37
Hämoglobin 54
Harnleiter 50
Harnröhre 12, 50-51
Harnstoff 50-51
Haut 32, 34-35
Hemisphären des Gehirns 17
Herz 54-56
Hirnhäute 17
Hirnstamm 16
Histamin 29
Hoden 12-13, 29
Hodensack 12
Hormone 28-29, 31, 50
Hornhaut des Auges 21

Hunger 28
Hypophyse 28
Hypothalamus 28-29

I
Immunsystem 58-59
Implantation 12
Inkontinenz 51
Innenohr 22-23

K
Kallus 41
Kalzium 41
Kapillaren 54-55
Kehldeckel 26-27
Kehlkopf 26
Kernkörperchen 11
Kleinhirn 16, 19
Klone 60-61
Knochen 32, 40-43
Knochenhaut 40
Knochenmark 40, 57
Knorpel 24-25, 43
Kolibakterien 48
Kollagen 35, 43
Kot 48-49
Krankheitserreger 8, 11, 45, 48
Krebs 11, 52
Kugelgelenke 4

L
Lähmung 15
Lebensspanne 31, 60
Lebenszyklus 30-31
Leber 48-49, 57
Lederhaut des Auges 21
Lernen 18-19
Limbisches System 18
Linse des Auges 20-21
Lippen 26
Lungen 52-53
Lungenentzündung 53
Lymphozyten 58
Lymphsystem 59
Lysosomen 11

M
Magen 48-49
Makrophagen 58
Mandeln 26
Meiose 12
Melanin 34-35
Melatonin 29
Milz 57
Mitochondrien 11
Mitose 10
Mongolismus 13
Musikantenknochen 41
Muskeln 32, 38-40
Myofibrillen 38-39

N
Nägel 36-37

Narkosemittel 9
Nasal, Bedeutung von 25
Nase 24-25
Nebenhöhlen 25
Nebennieren 28
Nervensystem 14-15
Netzhaut des Auges 20-21
Neurone 14-15
Nieren 50-51

O
Oberhaut 35
Ohren 22-23
Olfaktorische Organe 24-25
Operationen mit Robotern 60
Organellen 11

P
Papillen 26
Paraplegie 15
Peristaltik 49
Physiologie 9
Pickel 35
Plaque 45
Plasma 56-57
Pollen 52
Polyarthritis 59
Polypen 25, 26
Prostata 12
Pubertät 31
Pupille des Auges 21
Puls 54-55

Q
Quadriplegie 15

R
Rachen 26-27, 49
Reflexe 15
Regenbogenhaut
 des Auges 21
Ribosomen 11
Röntgenstrahlen 40-41
Rückenmark 16

S
Samenzellen 12-13
Sattelgelenke 43
Sauerstoff 52-57
Scharniergelenke 43
Scheide 13
Schilddrüse 29
Schlafen 29, 31
Schleim 24-25, 49
Schluckauf 53
Schmerzen 9, 16-17
Schnecke 22-23
Schneidezähne 44-45
Schrittmacher 55
Schutzimpfungen 58-61
Schwangerschaft 12-13
Schweiß 34
Schwellungen 29
Sehnen 42

Sehnerv 21
Sehvermögen 20-21
Sensorische Neurone 15
Sinnesorgane 14, 16-17
Skelett 9, 40-43
Speiseröhre 28, 48-49
Sprache 26-27
Spulwurm 48
Staubmilben 24
Stethoskop 54
Stimmbänder 26-27
Stirnlappen 18
Synapsen 14-15

T
Talgdrüsen 35
Tetraplegie 15
Thrombin 28
Thymusdrüse 29
Tränen 20
T-Zellen 58-59

U
Umweltverschmutzung 53
Urokortin 28
Urin 50-51

V
Vakuolen 11
Vakzine 59
Venen 54-57
Verdauung 48-49
Verknöcherung 41
Viren 11
Vorhöfe 55

W
Wachstum 30-31
Wachstumsschmerzen 41
Wirbelsäule 41-42
Wurmfortsatz 48-49

Z
Zähne 26, 44-45
Zahnfleisch 44-45
Zahnstein 45
Zäpfchen 26
Zellen 10-11, 54-59, 61
Zellkern 11
Zerebral, Bedeutung von 19
Zirbeldrüse 17
Zunge 26-27
Zungenbändchen 26-27
Zungenlahmheit 27
Zweieiige Zwillingen 13
Zwerchfell 52
Zwillinge 13, 31
Zygote 12
Zytoplasma 11

Für ihre Mithilfe bei der Vorbereitung dieses Buches danken die Hausgeber: Mallory Baker, Barbara Bakowski, Herman Beckelman, Robert Beckelman, James Clark, Robert Goodell jr, Steve Ottinoski, Jason Prentice, Lloyd Prentice, Dina Rubin, Jennifer Themel, Stephen Vincent, Michael Wolfman D.D.S., Vinnie Zara.
Unserer besonderer Dank gilt den Kindern, die für die Fotos Modell standen: Michelle Burk, Simon Burk, Elliot Burton, Clay Canda-Cameron, Lisa Chan, Anton Crowden and Henry (der Hund), Amanda Hanani, Mark Humphries, Gina Maprell, Louis Lamprell, Bianca Laurence, Kyle Linnahan, Daniel Price, Rebecca Price, Poppy Rourke, Joe Rourke, Jeremy Sequeira, Julian Sequeira, Gemma Smith, Gerard Smith, Christopher Stirling, Lucy Vaux, Craig Wilford, Amanda Wilson.
BILDNACHWEISE (o = oben, u = unten, l = links, r = rechts, m = mitte, a = außen). (TPL = The Photo Library, Sydney; SPL = Science Photo Library).
Ad libitum 5 u, 6 ur, 7 m, 7 ul, 8 ul, 12 ul, 15 r, 15 u, 16 l, 20/21 u, 20 ol, 20 ml, 20 ul, 21 or, 21 u, 21 or, 22 ur, 23 ol, 24 m, 24 ur, 26 l, 26 mr, 26 u, 27 ul, 27 ur, 28 ul, 28 ur, 29 ur, 30 ul, 31 ul, 31 ur, 32 or, 32 ul, 33 ol, 34 m, 34 or, 34 ur, 35 ol, 36/37 m, 36 or, 36 ur, 38 or, 38 ml, 38 ul, 39 m, 40 or, 40 mr, 42 m, 47 ur, 48 ur, 49 or, 52 m, 54 ol, 54 ml, 54 ul, 62 u (M. Kaniewski).
AP/AAP 19 ur, 60 or, 60 ul. Auscape 37 ul (Chassenet - BSIP), 37 ur (Estiot - BSIP), 25 or (Laurent-Bouhier - BSIP). **Baxter Immuno Aktiengesellschaft** 56 ul. **E.T. Archiv** 58 or. **The Granger Collection** 48 ul. **The Image Bank** 57 om, 60 um (Flip Chalfant), 31 rm (J. P. Kelly), 57 mr (J. Stuart). **McLean Hospital** 17 mr (Privatfoto, mit Genehmigung von M. Rourke), 36 om. **TPL** 28 mr (E. Anderson), 37 ml (D. Bosler), 11 u (D. Becker), 19 or (SPL/D. Besford), 59 or (SPL/ Dr. A. Brody), 8 ul, 10 r, 11 mr, 11 ur, 12/13 m, 12 u, 13 u, 28 r, 46 mru, 47 mr, 47 ul, 50 o, 50 l, 50 ur, 51 l, 56/57 m, 28 ul (SPL / Dr. J. Burgess), 28 ul (M. Clarke), 49 ur (D. Day), 53 ul (M. Delmasso), 19 ul (Hulton-Deutsch), 34 ml (Lori Adamski Peek), 14 u (Z. Kaluzny), 55 l (V. Michaels), 31 o (NIH/ Science Source), 33 ul, 44 ur (S. Peters), 8 ol, 40 mu, 41 ml, 49 l, 57 mu (SPL), 50 ul (SPL/ O. Burriet), 22/23 m

(SPL/ Prof. P. Cull), 34 ol (SPL/ M. Dohrn), 45 mr 47 ml, 57 u (SPL /Eye of Science), 60 m (SPL / K. Gulbrandsen), 49 mr (SPL / M. Kage), 35 ol, 45 m, 59 ur (SPL / Dr. P. Marazzi), 40 ml, 46 ur, 53 mr, 57 u (SPL / Prof. P. Motto), 24 ul (SPL / Salisbury Hospital), 24 or (SPL / A. Syred), 60 ol (SPL / G. Tompkinson), 13 ur (SPL / H. Young), 10 ul (D. Struthers), 13 or (U. B. H. Trust), 29 ul (USDA / Science Source), 44 ul (C. Thatcher). **Rainbow** 50 ur (H. Morgan), **University of Chicago** 54 ur. **Warren Museum/ Harvard Medical School** 18 m.
ILLUSTRATIONSNACHWEISE
Susanna Addario 7 ol, 9 ur, 16/17 m, 16 o, 16 ul, 16 ur, 17 or, 17 ul, 18/19 m 18 o, 18 ml, 19 mr. **Martin Camm** 12 ol. **Amy and Sam Collins /Art and Science Inc.** 33 or, 40 o, 40 ur, 40/41 m, 41 u, 46 mro, 46 ul, 52/53 m, 52 o, 52 u, 53 ur. **Marcus Cremonese** 4 or, 6 mr, 6 r, 7 ur, 10/11 m, 10 o, 11 or, 11 mr, 11 ur, 12/13 m, 12 u, 13 u, 28 r, 46 mru, 47 mr, 47 ul, 50 o, 50 l, 50 ur, 51 l, 56/57 m, 57 r, 58/59 m, 58 o, 59 mr, 59 um, 62 o, 63 or, 63 om, 63 ul. **Dr. Levent Efe** 55 u. **Christer Eriksson** 7 or, 8 ol, 8 or, 20/21 m, 20 ul, 20 ur, 21 r, 21 ul, 21 ur, 29 m. 63 ur. **Peg Gerrity** 7 mr, 26 o, 26 m, 26 r, 27 m, 46 or, 49 o, 48/49 m. **Gino Hasler** 4 ur, 14 ul, 14 m, 22 ur. **Hinton** (Cochlear Limited, Australien) 23 or. **Frank Knight** 7 ml, 24 ol. **Jeff Land** 22 o. **Stuart McVicar** (Digital Manipulation) 6 or, 60/61 m. **Siri Mills** 6 mr, 14/15 m, 15 ul, 62 ur. **Spencer Phippen** 33 ur, 44/45 m. **Claudia Saraceni** 12 om, 30/31 m. **Peter Schouten** 12 o. **Marco Spaciari** 4 mr. **Kate Sweeney** 5 o, 33 ml, 42/43 m, 42/43 u, 43 u. **Thomas Trojer** 30/31 m. **Rod Westblade** 34/35 m.
EINBAND
Susanna Addario, Ad libitum (M. Kaniewski), **Sam and Any Collins / Art and Science Inc., Marcus Cremonese, Christer Eriksson, Peg Gerrity, Gino Hasler, Siri Mills, Claudia Saraceni/ Thomas Trojer, Rod Westblade.**

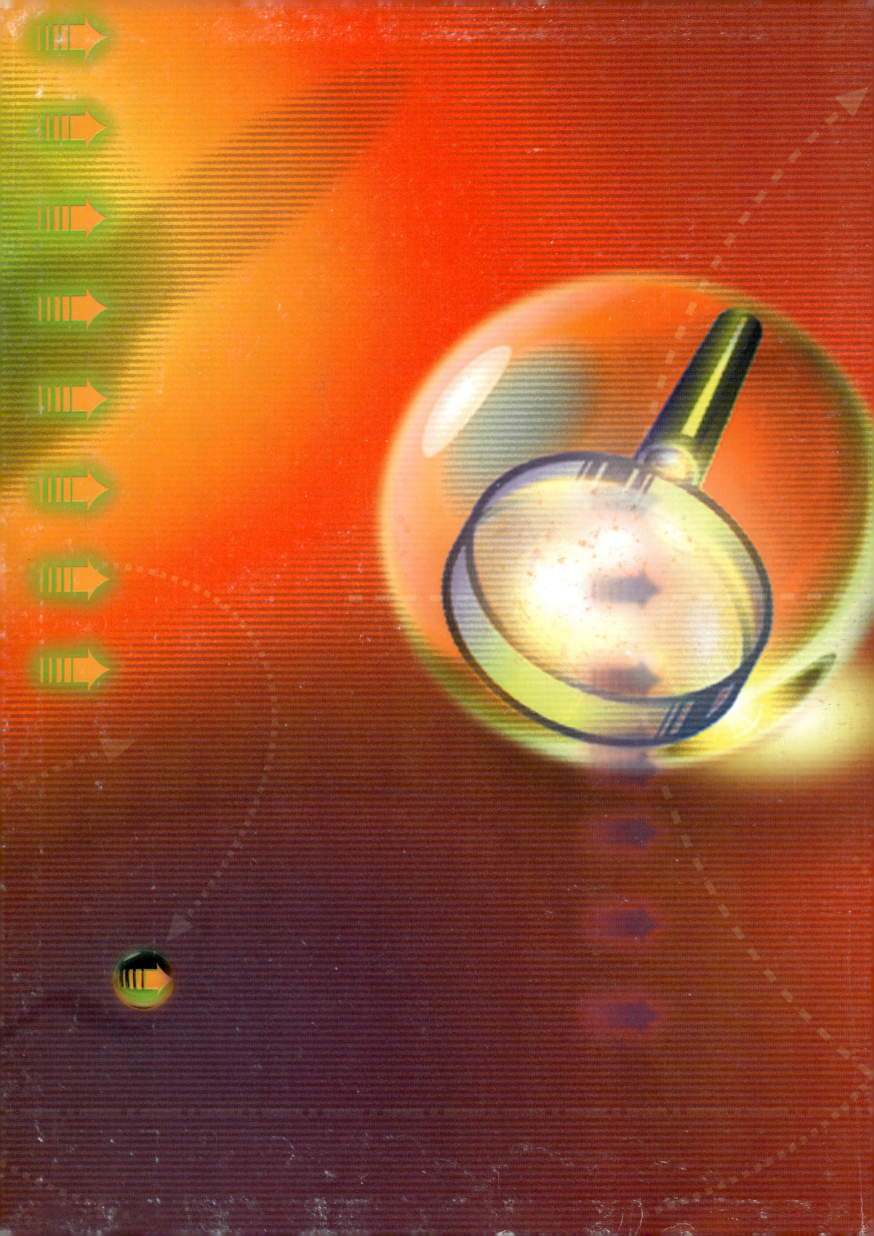